RÉVEILLE-TOI,
ISRAËL

Le soleil se changera en ténèbres,
Et la lune en sang
Avant l'arrivée du jour de l'Éternel,
De ce jour grand et terrible.
Alors quiconque invoquera le nom de l'Éternel
Sera sauvé;
Le salut sera sur la montagne de Sion et à Jérusalem,
Comme a dit l'Éternel,
Et parmi les réchappés que l'Éternel appellera.

(Joël 2 : 31-32)

RÉVEILLE-TOI, ISRAËL

Dr. Jaerock Lee

 URIM BOOKS

REVEILLE-TOI, ISRAËL par le Dr. Jaerock Lee
Le Titre Original: Awaken, Israel
Publié par Urim Books Urim Books (Rep.: Seongnam Vin)
73, Yeouidaebang-ro 22-gil, Dongjak-gu, Séoul, Corée
www.urimbooks.com

A moins d'une mention particulière, tous les passages de l'écriture proviennent de la Sainte Bible, Edition de Genève, version Louis Second Révisée 1979 – Société Biblique de Genève.

Copyright © 2009 par le Dr. Jaerock Lee
ISBN: 978-89-7557-235-7 (03230)
Traduit par Dr. Kooyoung Chung. Utilisé avec permission.

Auparavant publié en Coréen par Urim Books.
Copyright © 2007, ISBN: 978-89-7557-114-5 (03230)

Première édition Août 2009

Edité par Dr. Geumsun Vin, Directrice du Bureau d'édition
Conçu par le Bureau d'Edition de Urim Books
Traduit en français par Rév.Guy Davidts
Pour plus d'information, contactez-nous sur urimbook@hotmail.com

Préface

A la fin du 20ème siècle, se passèrent une série d'évènements remarquables dans le pays désertique de Palestine dans lequel personne ne désirait habiter en ce temps là. Les juifs qui avaient été disséminés à travers l'Europe de l'Est, la Russie et le reste du globe ont commencé à se regrouper dans un pays qui abondait en chardons, en pauvreté, en famine, en maladie et en tourment.

Malgré un haut taux de mortalité résultant de la malaria et de la malnutrition, les juifs n'ont pas échoué en perdant leur niveau élevé de foi et d'ambitions mais ils ont commencé à construire des Kibboutz (un endroit de travail en Israël, par exemple une ferme ou une usine où les ouvriers vivent ensemble et partagent toutes les tâches et les revenus). Tout comme Théodore Herzl, le fondateur du Sionisme moderne a argumenté, « Si vous le voulez, ce n'est plus un rêve, » la restauration d'Israël est devenue une réalité.

En toute impartialité, la restauration d'Israël a été considérée comme un rêve impossible à être accompli et personne ne voulait y croire. Les Juifs cependant, ont accompli ce rêve et avec la naissance de l'état d'Israël, ils ont miraculeusement reconquis pour la première fois en 1.900 ans, une nation à eux.

Le peuple d'Israël, malgré une persécution et un tourment qui duraient depuis des siècles, alors qu'il avait été disséminé dans des pays qui n'étaient pas le leur, a tenu ferme à sa foi, sa culture et sa langue et les a constamment améliorés. Après la fondation de l'état moderne d'Israël, ils ont cultivé les terres désertiques et ont placé une grande emphase sur le développement d'une variété d'industries qui ont permis à leur nation de rejoindre les rangs des nations développées, et ils constituent un peuple remarquable qui a résisté et prospéré parmi les constants défis et menaces pour leur vraie survie en tant que nation.

Après la fondation de l'Eglise Centrale Manmin en 1982, Dieu m'a révélé sous l'inspiration du Saint Esprit beaucoup sur Israël parce que l'indépendance d'Israël est un signe des jours de la fin et l'accomplissement de la prophétie de la Bible.

Nations, écoutez la parole de l'Éternel, Et publiez-la dans les îles lointaines! Dites: Celui qui a dispersé Israël le rassemblera, Et il le gardera comme le berger garde son troupeau. (Jérémie 31 :10)

Dieu a choisi le peuple d'Israël afin de révéler Sa providence au travers de laquelle Il a créé et cultivé l'homme. D'abord, Dieu a créé Abraham, le « père de la foi, » et établi Jacob, le petit fils d'Abraham, en tant que fondateur d'Israël, et Dieu a proclamé Sa volonté aux descendants de Jacob et a accompli la providence de la culture humaine.

Lorsqu'Israël a cru dans la parole de Dieu et a marché selon Sa volonté dans l'obéissance, elle a joui d'une grande gloire et d'honneur sur toutes les nations. Lorsqu'elle s'éloignait de Dieu, Israël était soumis à une variété de tourments, y compris des invasions étrangères et son peuple a été forcé de vivre en vagabond dans tous les coins de la terre.

Même lorsqu'Israël a rencontré des difficultés à cause de ses péchés, Dieu ne les a cependant jamais oubliés ni abandonnés.

Israël a toujours été lié à Dieu au travers de Son alliance avec Abraham et Dieu n'a jamais cessé de travailler pour eux.

Sous le soin extraordinaire et la conduite de Dieu, Israël a toujours été préservé en tant que peuple, a acquis l'indépendance et est à nouveau devenu une nation au dessus de toutes les nations. Comment le peuple d'Israël pouvait-il être protégé et pourquoi Israël a-t-il été restauré ?

Beaucoup de gens disent, « La survie de la nation juive est un miracle. » Comme les types et la magnitude de persécution et d'oppression que le peuple Juif a endurées pendant la Diaspora ont dépassé toute description et imagination, l'histoire d'Israël seule atteste de l'exactitude de la Bible.

Cependant, même un plus grand niveau de détresse et d'angoisse que celui que les Juifs ont rencontré se produira après le Second Avènement de Jésus Christ. Bien sûr, les gens qui ont accepté Jésus Christ en tant que Sauveur seront enlevés dans les airs et participeront au Banquet de Noces avec le Seigneur. Ceux qui n'auront pas accepté Jésus Christ comme leur Sauveur ne seront cependant pas enlevés dans les airs au temps de Son retour et souffriront la Grande Tribulation de sept ans.

Car voici, le jour vient, Ardent comme une fournaise. Tous les hautains et tous les méchants seront comme du chaume; Le jour qui vient les embrasera, Dit l'Éternel des armées, Il ne leur laissera ni racine ni rameau. (Malachie 4:1)

Dieu m'a déjà révélé en détail les calamités qui se dérouleront pendant les sept années de la Grande Tribulation. C'est pourquoi, c'est mon désir le plus sincère que le peuple d'Israël, élu de Dieu puisse accepter, sans plus de délai, Jésus qui a marché sur cette terre il y a environ deux mille ans, en tant que leur Sauveur de sorte qu'aucun d'entre eux ne soit laissé en arrière pour subir la Grande Tribulation.

Lors du 25ème anniversaire de l'Eglise Centrale Manmin, j'ai écrit et dédicacé une œuvre donnant des réponses à la soif longue de millénaires des Juifs pour le Messie et aux questions anciennes qui sont constamment posées.

Que chaque lecteur de ce livre puisse prendre à cœur le

message d'amour désespéré et venir rencontrer sans délai le Messie que Dieu a envoyé pour toute l'humanité !

J'aime chacun d'entre vous de tout mon cœur.

A la Maison de Prière de Gethsémané

Jaerock Lee

AVANT-PROPOS

Je donne toute gloire et reconnaissance à Dieu pour nous conduire et nous bénir par la publication dans ces derniers jours, de Réveille-toi Israël ! Cette œuvre a été publiée en accord avec la volonté de Dieu qui cherche à réveiller et à sauver Israël, et est organisée par l'amour incommensurable de Dieu qui ne veut perdre aucune dernière âme.

Chapitre 1, « Israël : Elue de Dieu, » explore les raisons pour lesquelles Dieu a créé et cultivé toute l'humanité sur la terre et aussi la Providence par laquelle Il a choisi et gouverne le peuple d'Israël en tant que Son élu dans l'histoire de l'humanité. Ce chapitre introduit aussi les grands précurseurs d'Israël ainsi que notre Seigneur, qui est venu dans ce monde conformément à la prophétie qui avait annoncé la venue du Sauveur de tous les peuples dans la maison de David.

En examinant les prophéties bibliques sur le Messie, le chapitre 2, « Le Messie Envoyé par Dieu, » témoigne de Jésus comme étant le Messie qu'Israël attend toujours impatiemment et comment, d'après la loi de la rédemption de la terre, Il répond à toutes les qualifications en tant que Sauveur de l'humanité. De plus, le second chapitre étudie comment les prophéties de l'Ancien Testament concernant le Messie ont été accomplies par Jésus, et la relation entre l'histoire d'Israël et la mort de Jésus.

Le troisième chapitre, « Le Dieu auquel Israël Croit, » examine de près le peuple d'Israël qui obéit strictement à la loi et à ses traditions, et leur explique ce qui plait à Dieu. De plus, en leur rappelant qu'ils se sont éloignés de la volonté de Dieu à cause de la tradition des anciens qu'ils ont produite, le chapitre les exhorte à comprendre la véritable volonté de Dieu dans le fait de leur avoir tout d'abord donné la loi pour l'accomplir ensuite par l'amour.

Dans le chapitre final « Regarde et Ecoute ! » est exploré notre temps, que la Bible a prophétisé comme étant « la fin des temps », aussi bien que l'imminente apparition de l'antéchrist et le survol des Sept années de la Grande Tribulation. De plus, en témoignant de deux secrets de Dieu, qui avaient été préparés dans Son amour infini pour Son élu, de sorte que le peuple d'Israël puisse atteindre le salut aux derniers moments de la culture humaine, le dernier chapitre engage le peuple d'Israël à ne pas abandonner la dernière opportunité du salut.

Lorsque le premier homme Adam a commis le péché de désobéissance et a été chassé du Jardin d'Eden, Dieu l'a fait vivre dans le pays d'Israël. A partir de ce moment, pendant l'histoire de la culture humaine, Dieu a attendu des millénaires et attend toujours aujourd'hui dans l'espoir de gagner de véritables enfants.

Il n'y a plus de temps de délai ni à perdre. Que chacun de vous en arrive à réaliser que notre temps est en réalité celui des derniers jours et se prépare à recevoir notre Seigneur qui doit revenir en tant que Roi des rois et Seigneur des seigneurs, dans Son nom, je prie sincèrement.

Geum-sun Vin,
Editrice en Chef

TABLE DES MATIÈRES

'Etoile de David',un symbole de la communauté juive, sur le drapeau d'Israël

Chapitre 1

ISRAËL : ELUE DE DIEU

Commencement de la culture humaine

Moïse, le plus grand leader d'Israël qui a libéré son peuple de l'esclavage de l'Egypte et l'a conduit vers la terre promise de Canaan, et qui a servi en tant que mandataire de Dieu, a commencé ainsi Sa parole dans le live de la Genèse :

« Au commencement, Dieu créa les cieux et la terre » (1 :1).

Dieu a créé les cieux et la terre et tout ce qu'ils contiennent en six jours et il s'est reposé le septième jour, l'a béni et sanctifié. Pourquoi alors, Dieu le Créateur a-t-il créé l'univers et tout ce qu'il contient ? Pourquoi a-t-il créé l'homme et a-t-il permis à d'innombrables personnes de vivre sur la terre depuis Adam ?

Dieu a cherché ceux avec qui il pourrait éternellement partager Son amour

Avant la création des cieux et de la terre, le Dieu tout puissant existait dans l'univers illimité en tant que lumière dans laquelle un son était intégré. Après une longue période de solitude, Dieu a désiré avoir ceux avec lesquels Il pourrait éternellement partager l'amour.

Dieu possédait non seulement la nature divine qui le définissait en tant que Créateur, mais aussi la nature humaine au travers de laquelle Il ressentait la joie, la colère, le regret et le plaisir. Il désirait donc donner et recevoir de l'amour des autres. Dans la Bible il y a de nombreuses références qui se réfèrent à la possession par Dieu de la nature humaine. Il était satisfait et enchanté des œuvres justes des israélites (Deutéronome 10 :15 ; Proverbes 16 :7), mais il était blessé et en colère contre eux lorsqu'ils péchaient. (Exode 32 :10 ; Nombres 11 :1, 32 :13)

Il y a des moments où chaque individu souhaite être seul, mais il deviendra encore plus joyeux et bienheureux s'il a un ami avec lequel il peut partager son cœur. Comme Dieu possédait la nature humaine, Il désirait avoir ceux auxquels Il pouvait donner Son amour, ceux dont Il pouvait comprendre les cœurs et vice-versa.

'Ne serait-ce pas joyeux et touchant d'avoir des enfants qui peuvent comprendre Mon cœur et avec lesquels je peux donner et recevoir de l'amour dans ce monde vaste et profond ?'

Au temps de Son choix, Dieu a donc élaboré un plan pour gagner de véritables enfants qui lui ressembleraient. Dans ce but, Dieu a créé non seulement le monde spirituel, mais aussi le monde physique dans lequel devait vivre l'humanité.

Certains pourraient réfléchir, 'Il y a de nombreux hôtes célestes et anges dans les cieux qui sont tous obéissants. Pourquoi Dieu s'est-Il donné la peine de créer l'homme ?' A l'exception de quelques anges, la plupart des êtres célestes ne possèdent pas la nature humaine ce qui est l'élément le plus significatif nécessaire pour recevoir et donner l'amour : le libre arbitre par lequel ils choisissent par eux-mêmes. De tels êtres célestes sont comme des robots ; ils sont obéissants comme on le leur a ordonné, mais sans ressentir de joie, de colère, de regret, ni de plaisir, ils sont incapables de donner ou de recevoir de l'amour qui provient du plus profond de leurs cœurs.

Supposons qu'il y ait deux enfants, et que l'un d'entre eux soit obéissant et fasse tout ce qu'on lui demande sans jamais exprimer ses émotions, ses opinions ni son amour. L'autre enfant, malgré qu'il déçoive ses parents de temps à autre en raison de son libre arbitre, est rapide à se repentir de ses erreurs, s'accroche à ses parents avec amour et exprime son cœur de différentes manières.

De ces deux là, lequel préféreriez-vous ? Vous choisiriez probablement le dernier. Même si vous aviez un robot qui accomplirait toutes les corvées pour vous, aucun d'entre vous ne préférerait ce robot à vos propres enfants. De la même manière, Dieu préfère des hommes qui Lui obéiraient avec joie avec leurs raisons et émotions, à des hôtes célestes ou des anges comme des robots.

La providence de Dieu pour gagner de vrais enfants

Après avoir créé le premier homme Adam, Dieu a continué à créer le Jardin d'Eden et lui a permis de le gouverner. Tout était abondant dans le Jardin d'Eden et Adam gouvernait toutes choses avec son libre arbitre et l'autorité que Dieu lui avait donnée. Il y avait cependant une seule chose que Dieu lui avait interdite.

> L'Éternel Dieu donna cet ordre à l'homme: *Tu pourras manger de tous les arbres du jardin; mais tu ne mangeras pas de l'arbre de la connaissance du bien et du mal, car le jour où tu en mangeras, tu mourras.* (Genèse 2 : 16-17)

Ceci est un système que Dieu a établi entre Dieu le Créateur et l'humanité créée, et Il voulait qu'Adam Lui obéisse de sa propre volonté libre et du plus profond de son cœur. Cependant, après qu'un long temps se soit écoulé, Adam a échoué de garder en mémoire la parole de Dieu et il a commis le péché de désobéissance en mangeant de l'arbre de la connaissance du bien et du mal.

Dans Genèse 3, il y a une scène dans laquelle le serpent, qui était manipulé par Satan, a demandé à Eve « *Dieu a-t-il réellement dit: Vous ne mangerez pas de tous les arbres du jardin?* » Eve a répondu, « *Nous mangeons du fruit des arbres du jardin. Mais quant au fruit de l'arbre qui est au milieu du jardin, Dieu a dit: Vous n'en mangerez point et vous n'y toucherez point, de peur que vous ne mouriez.* »

Dieu avait clairement dit à Eve, « *Le jour où vous en mangerez, vous mourrez certainement,* » mais elle a changé le commandement de Dieu et a dit, « *de peur que vous ne mouriez.* »

En réalisant qu'Eve n'a pas gardé le commandement de Dieu dans son cœur, le serpent est devenu plus agressif dans sa tentation. Il dit à Eve, « *Vous ne mourrez point ! Mais Dieu sait que, le jour où vous en mangerez, vos yeux s'ouvriront, et que vous serez comme des dieux, connaissant le bien et le mal.* »

Lorsque Satan a soufflé son avidité au travers de la pensée de la femme, l'arbre de la connaissance du bien et du mal est apparu différemment à ses yeux. L'arbre semblait bon à manger et agréable à la vue, et il était précieux pour ouvrir l'intelligence; elle prit de son fruit, et en mangea; elle en donna aussi à son mari, qui était auprès d'elle, et il en mangea.

Ceci est la manière dont Adam et Eve ont commis le péché de désobéissance à la parole de Dieu et ils ont certainement fini par faire face à la mort. (Genèse 2 :17)

Ici « la mort » ne se réfère pas à la mort charnelle avec laquelle la respiration s'arrête dans un corps humain, mais à la mort spirituelle. Après avoir mangé de l'arbre de la connaissance du bien et du mal, Adam a donné naissance à des enfants et est mort à l'âge de 930 ans (Genèse 5 :2-5). Par cela seulement, nous savons que « la mort » ne se réfère pas ici à la mort physique.

L'homme a été originellement créé en tant que mélange d'esprit, d'âme et de corps. Il possédait un esprit avec lequel il pouvait communiquer avec Dieu ; une âme qui était sous le contrôle de l'esprit ; et un corps qui servait comme une enveloppe à la fois pour l'âme et l'esprit. Suite à l'abandon du commandement de Dieu et au péché commis, l'esprit est mort et sa communication avec Dieu était aussi coupée, et c'était cela la « mort » dont Dieu a parlé dans Genèse 2 :17.

Après leur péché, Adam et Eve ont été chassés du merveilleux et beau Jardin d'Eden. Et alors a commencé le tourment pour toute l'humanité. La douleur de l'enfantement a été grandement augmentée pour la femme dont les désirs se portaient maintenant vers son mari auquel elle était soumise, alors que l'homme devait manger d'un sol maudit avec des efforts tous les jours de sa vie. (Genèse 3 :16-17)

À propos de ceci, Genèse 3 :23 nous dit, « *Et l'Éternel Dieu le chassa du jardin d'Éden, pour qu'il cultivât la terre, d'où il avait été pris.* » Ici, « *cultiver la terre* » ne signifie pas uniquement le fait que l'homme devait travailler la terre pour manger, mais aussi que lui – qui a été formé de la poussière de la terre – devait aussi « cultiver son cœur » pendant qu'il vivait sur la terre.

La culture de l'humanité commence avec le péché d'Adam

Adam a été créé en tant qu'être vivant et n'avait aucun mal dans son cœur, et il ne devait donc pas cultiver son cœur. Après son péché cependant, le cœur d'Adam a été taché de contrevérité et il devait alors cultiver son cœur en un cœur pur comme cela avait été avant le péché.

Adam devait donc cultiver son cœur qui était devenu corrompu par les contrevérités et les péchés en un cœur propre et devenir un vrai enfant de Dieu après qu'il ait péché. Lorsque le Bible dit, « *l'Éternel Dieu le chassa du jardin d'Éden, pour qu'il cultivât la terre, d'où il avait été pris,* » c'est ce que cela signifie et cela se réfère à la « culture de l'humanité. »

Conventionnellement, « culture » se réfère à une procédure dans laquelle un fermier sème des semences, prend soin de sa récolte et en moissonne les fruits. Pour « cultiver » l'humanité sur la terre et gagner de bons fruits, c'est-à-dire « de vrais enfants de Dieu, » Dieu a semé les premières semences, Adam et Eve. Au travers d'Adam et Eve qui ont désobéi à Dieu, d'innombrables enfants sont nés et au travers de la culture de l'humanité par Dieu, d'innombrables sont nés de nouveau en tant qu'enfants de Dieu en cultivant leurs cœurs et en récupérant l'image perdue de Dieu.

Donc, « la culture de l'humanité par Dieu » se réfère au processus complet dans lequel Dieu prend soin de l'histoire de l'humanité et la gouverne, de la création au jugement, de manière à gagner Ses véritables enfants.

Tout comme un fermier surmonte les inondations, la sécheresse, les gelées, la grêle et la vermine après avoir auparavant semé les semences, mais qu'il moissonne de beaux et appétissants fruits à la fin, Dieu a contrôlé toutes choses pour gagner de vrais enfants qui apparaissent après avoir subi la mort, la maladie, la séparation et d'autres espèces de souffrances pendant leur vie sur cette terre.

La raison pour laquelle Dieu a placé l'arbre de la connaissance du bien et du mal dans le Jardin d'Eden

Certaines personnes demandent, « Pourquoi Dieu a-t-il placé l'arbre de la connaissance du bien et du mal au travers duquel l'homme a péché et a été conduit vers la destruction ? » La raison pour laquelle Dieu a placé l'arbre de la connaissance du bien et du mal est Sa merveilleuse providence au travers de laquelle Il allait conduire l'homme à être conscient de la 'relativité'.

La plupart des gens supposent qu'Adam et Eve n'étaient qu'heureux de vivre dans le Jardin d'Eden parce qu'il n'y avait aucunes larmes, chagrin, maladie ni tourment dans le Jardin. Mais Adam et Eve ne connaissaient pas le vrai bonheur et l'amour parce qu'ils n'avaient aucune idée de la relativité dans le Jardin d'Eden.

Par exemple, comment deux enfants réagiraient-ils en recevant le même jouet si l'un des enfants était né et avait été élevé dans une famille nantie et l'autre dans une famille dans le besoin ? Le dernier enfant sera plus reconnaissant et joyeux du plus profond de son cœur que l'enfant qui a un passé nanti.

Si vous comprenez la véritable valeur de quelque chose, vous devez en connaître et expérimenter le contraire. Ce n'est que lorsque vous avez souffert de maladie que vous serez capables d'apprécier la véritable valeur de la bonne santé. Ce n'est que lorsque vous avez été conscients de la mort et de l'enfer que vous serez capables d'apprécier la valeur de la vie éternelle et que vous remercierez le Dieu d'amour de tout votre cœur pour vous avoir donné le ciel éternel.

Dans l'abondant Jardin d'Eden, le premier homme Adam jouissait de tout ce que Dieu lui avait donné, même de l'autorité pour gouverner toutes les créatures. Cependant, comme ce n'était pas le fruit de son travail ni de sa sueur, Adam était incapable de saisir pleinement leur importance ni d'apprécier Dieu pour tout cela. Ce n'est que lorsqu'Adam a été chassé dans ce monde et qu'il a expérimenté les larmes, le regret, les maladies, le tourment, le malheur et la mort, qu'il a réalisé pleinement la différence entre la joie et le chagrin, et combien étaient valables la liberté et la prospérité que Dieu lui avait données dans le Jardin d'Eden.

Quel bien nous ferait la vie éternelle si nous ne connaissions pas la joie ni le regret ? Malgré que nous rencontrions des difficultés pendant un peu de temps, si nous pouvons réaliser plus tard et dire, « Ceci est la joie ! » Nos vies seront d'autant plus valables et bénies.

N'y a-t-il pas des parents qui n'enverraient pas leurs enfants à l'école, mais les laisseraient à la maison uniquement parce qu'ils savent que les études sont difficiles ? Si les parents aiment véritablement leurs enfants, ils enverraient leurs enfants à l'école et les pousseraient à étudier des matières difficiles avec diligence et à expérimenter différentes choses pour leur bâtir un meilleur avenir.

Le cœur de Dieu, qui a créé l'humanité et l'a cultivée est exactement le même. Pour cette raison, Dieu a placé l'arbre de la connaissance du bien et du mal, n'a pas empêché Adam de manger de cet arbre de son propre libre arbitre, et lui a permis d'expérimenter la joie, la colère, le regret et le plaisir pendant la durée de la culture humaine. C'est parce que l'homme peut adorer et aimer Dieu, qui Lui-même est amour et vérité, du plus profond de son cœur uniquement après qu'il ait expérimenté la relativité et compris le vrai amour, la joie et la gratitude.

Au travers du processus de la culture humaine, Dieu voulait gagner de vrais enfants qui sont arrivés à connaître Son cœur et marcher selon lui, et à vivre avec eux dans le ciel en partageant avec eux éternellement, l'éternel et véritable amour.

La culture humaine commence en Israël

Lorsque le premier homme Adam a été chassé du Jardin d'Eden après avoir désobéi à la parole de Dieu, il n'a pas eu le choix du pays où il devait s'installer, mais au contraire, Dieu a désigné une région pour lui. Cette région était Israël.

La volonté et la providence de Dieu étaient contenues dans ce choix. Après avoir élaboré un grand plan pour la culture de l'humanité, Dieu a choisi le peuple d'Israël en tant que modèle pour la culture humaine. C'est pour cette raison que Dieu a spécifiquement permis à Adam de vivre une nouvelle vie dans un pays où la nation d'Israël devait être bâtie.

Avec le temps, d'innombrables nations sont nées des descendants d'Adam et la nation d'Israël a été bâtie au temps de Jacob, un descendant d'Abraham. Dieu souhaitait révéler Sa gloire et Sa providence de la culture humaine au travers de l'histoire d'Israël. Ce n'était pas seulement pour les israélites, mais pour tous les peuples de la terre. C'est pourquoi l'histoire d'Israël de laquelle Dieu Lui-même s'est occupée, n'est pas seulement l'histoire d'un peuple, mais un message divin pour toute l'humanité.

Pourquoi alors, Dieu a-t-il choisi Israël en tant que modèle pour la culture humaine ? C'était à cause de leur caractère supérieur, en d'autres termes, à cause de leur excellent être intérieur.

Israël est le descendant du 'père de la foi' Abraham qui plaisait à Dieu, et aussi un descendant de Jacob qui était tellement tenace qu'il s'est battu avec Dieu et a vaincu. C'est pourquoi, même après avoir perdu son territoire et avoir vécu une vie de vagabond pendant des siècles, le peuple d'Israël n'a jamais perdu son identité.

Par-dessus tout, le peuple d'Israël a préservé, pendant des milliers d'années, la parole de Dieu qui avait été prophétisée au travers d'hommes de Dieu et a vécu selon elle. Bien sûr, il y a eu des périodes où la nation toute entière s'est éloignée elle-même de la parole de Dieu et a péché contre Lui, mais ils se sont finalement repentis et sont revenus vers Dieu. Ils n'ont jamais perdu leur foi en leur Seigneur Dieu.

La restauration d'un Israël indépendant au cours du 20ème siècle montre le type de cœur qu'avait ce peuple en tant que descendants de Jacob.

Ezéchiel 38 :8 nous dit, « *Après bien des jours, tu seras à leur tête; Dans la suite des années, tu marcheras contre le pays Dont les habitants, échappés à l'épée, Auront été rassemblés d'entre plusieurs peuples Sur les montagnes d'Israël longtemps désertes; Retirés du milieu des peuples, Ils seront tous en sécurité dans leurs demeures. »* Ici, « *dans la suite des années* » se réfère à la fin des temps lorsque la culture humaine arrive à sa fin et « les montagnes d'Israël » signifient la ville de Jérusalem située à 760m (2.494 pieds) au dessus du niveau de la mer.

C'est pourquoi, lorsque le prophète Ezéchiel dit que « *Dont les habitants, échappés à l'épée, Auront été rassemblés d'entre plusieurs peuples Sur les montagnes d'Israël* », cela signifie que les israélites se réuniront de partout dans le monde et restaureront l'état d'Israël. Selon cette parole de Dieu, Israël qui avait été détruit par les romains en l'an 70 après JC a déclaré son indépendance le 14 mai 1948. Le pays n'avait été qu'un « continuel gâchis », mais aujourd'hui, les israélites ont bâti une puissante nation que peu d'autres peuvent négliger ou défier.

La raison pour laquelle Dieu a choisi les Israélites

Pourquoi Dieu a-t-il commencé la culture humaine dans le pays d'Israël ? Pourquoi Dieu a-t-il choisi le peuple d'Israël et a-t-il dirigé l'histoire d'Israël ?

Premièrement, Dieu voulait proclamer au travers de l'histoire d'Israël à toutes les nations qu'Il est le Créateur des cieux et de la terre, que Lui seul est le vrai Dieu et qu'Il est vivant. Au travers de l'étude de l'histoire d'Israël, même les Gentils peuvent facilement sentir la présence de Dieu et comprendre Sa providence pour gouverner l'histoire de l'humanité.

> *Tous les peuples verront que tu es appelé du nom de l'Éternel, et ils te craindront.* (Deutéronome 28 :10)

> *Que tu es heureux, Israël! Qui est comme toi, Un peuple sauvé par l'Éternel, Le bouclier de ton secours Et l'épée de ta gloire? Tes ennemis feront défaut devant toi, Et tu fouleras leurs lieux élevés.* (Deutéronome 33 :29)

L'élu de Dieu, Israël a joui d'un grand privilège, et nous pouvons facilement le trouver dans l'histoire d'Israël.

Par exemple, lorsque Rahab a reçu les deux hommes que Josué avait envoyés pour espionner le pays de Canaan, elle leur a dit, « *L'Éternel, je le sais, vous a donné ce pays, la terreur que vous inspirez nous a saisis, et tous les habitants du pays tremblent devant vous. Car nous avons appris comment, à votre sortie d'Égypte, l'Éternel a mis à sec devant vous les eaux de la mer Rouge, et comment vous avez traité les deux rois des Amoréens au delà du Jourdain, Sihon et Og, que vous avez dévoués par interdit. Nous l'avons appris, et nous avons perdu courage, et tous nos esprits sont abattus à votre aspect; car c'est l'Éternel, votre Dieu, qui est Dieu en haut dans les cieux et en bas sur la terre.* » (Josué 2 :9-11)

Pendant la captivité des Israélites à Babylone, Daniel a marché avec Dieu et Nebucadnetsar, roi de Babylone a expérimenté Dieu avec lequel Daniel a marché. Après que le roi ait expérimenté Dieu, il ne pouvait que, « *louer, exalter et glorifier le roi des cieux, dont toutes les œuvres sont vraies et les voies justes, et qui peut abaisser ceux qui marchent avec orgueil.* » (Daniel 4 :37)

La même chose s'est produite pendant qu'Israël était sous le règne des Perses. Après avoir vu le Dieu vivant agir et répondre à la prière de la Reine Esther, « *beaucoup de gens d'entre les peuples du pays se firent Juifs, car la crainte des Juifs les avait saisis.* » (Esther 8 :17)

Donc, même lorsque les Gentils expérimentaient le Dieu vivant qui travaillait pour les israélites, ils en sont arrivés à craindre et à adorer Dieu. Et même la postérité en est arrivée à connaître la majesté de Dieu et à l'adorer pour de tels évènements et cas.

Deuxièmement, Dieu a choisi Israël et a conduit Son peuple parce qu'Il voulait que toute l'humanité réalise au travers de l'histoire d'Israël la raison pour laquelle Il avait créé l'homme et l'avait cultivé.

Dieu cultive l'humanité parce qu'il essaie de gagner de vrais enfants. Un vrai enfant de Dieu est celui qui a suivi Dieu qui est bonté et amour par essence et qui est aussi juste et saint. C'est parce que de tels enfants de Dieu L'aiment et vivent selon Sa volonté.

Lorsqu'Israël vivait selon les commandements de Dieu et

Le servait, il a placé les israélites au dessus de tous les peuples et nations. Au contraire, lorsque le peuple d'Israël servait des idoles et étaient rapides à abandonner les commandements de Dieu, ils étaient livrés à toutes sortes de tourments et de calamités telles que la guerre, les désastres naturels et même la captivité.

Au travers de chaque étape de ce processus, les israélites ont appris à s'humilier eux-mêmes devant Dieu, et chaque fois qu'ils se sont humiliés, Dieu les a restaurés avec Sa miséricorde sans failles et Son amour et les a ramenés dans les bras de Sa grâce.

Lorsque le roi Salomon a aimé Dieu et a gardé Ses commandements, il a joui d'une grande gloire et splendeur, mais lorsque le roi a commencé à s'éloigner de Dieu et à servir des idoles, la gloire et la splendeur dont il avait joui se sont envolées. Lorsque les rois d'Israël tels que David, Josaphat, et Hezékias ont marché selon les lois de Dieu, le pays était puissant et prospère, mais il devenait faible et sujet aux invasions étrangères pendant les règnes de rois qui s'éloignaient des voies de Dieu.

L'histoire d'Israël révèle pleinement de cette manière la volonté de Dieu et elle sert de miroir qui reflète la volonté de Dieu pour tous les peuples et nations. Sa volonté proclame que lorsque les peuples formés à l'image et à la ressemblance de Dieu gardent Ses commandements et deviennent sanctifiés selon Sa parole, ils recevront les bénédictions de Dieu et vivront dans Sa faveur.

Israël a été choisi pour révéler la providence de Dieu

parmi tous les peuples et nations, et il a reçu une formidable bénédiction en Le servant en tant que la nation de sacrificateurs en charge de la parole de Dieu. Même lorsque son peuple avait péché, Dieu leur a pardonné leurs péchés et les a restaurés dans la mesure où ils se repentaient avec un cœur humble, tout comme Il l'avait promis à leurs grands précurseurs.

Par-dessus tout, la plus grande bénédiction que Dieu avait promise et mise à part pour Ses élus était la merveilleuse promesse de gloire que le Messie viendrait au milieu d'eux.

Les Grands Précurseurs

Pendant la longue histoire de l'humanité, Dieu avait protégé Israël sous Ses ailes et a envoyé des hommes de Dieu en Son temps préparé, de sorte que le nom d'Israël ne puisse pas disparaître. Les hommes de Dieu étaient ceux qui sont venus en tant que fruits appropriés en accord avec la providence de la culture divine de l'humanité et qui sont demeurés dans la parole de Dieu avec amour pour Lui. Dieu a posé le fondement de la nation d'Israël au travers des grands précurseurs d'Israël.

Abraham, le Père de la Foi

Abraham a été marqué en tant que père de la foi au travers de sa foi et de son obéissance et il devait donner naissance à une grande nation. Il était né il y a à peu près quatre milles ans à Ur en Chaldée, et après avoir été appelé par Dieu, il a gagné l'amour de Dieu et Sa reconnaissance au point d'être appelé « ami » de Dieu.

Dieu a appelé Abraham et lui a fait la promesse suivante :

Va-t-en de ton pays, de ta patrie, et de la maison de ton père, dans le pays que je te montrerai. Je ferai de toi une grande nation, et je te bénirai; je rendrai ton nom grand, et tu seras une source de bénédiction. » (Genèse 12 :1-2)

En ce temps là, Abraham n'était plus un jeune homme, il manquait d'héritier, et il n'avait aucune idée de l'endroit où il allait ; c'est pourquoi obéir n'était pas une chose facile. Malgré qu'il ne savait pas où il se dirigeait, Abraham est allé de l'avant parce qu'il se reposait entièrement et exclusivement sur la parole de Dieu qui ne brise jamais Ses promesses. Abraham marchait donc par la foi dans tout ce qu'il faisait, et pendant le cours de sa vie, il a reçu toutes les bénédictions que Dieu avait promises.

Abraham n'a pas seulement montré à Dieu une parfaite obéissance et des œuvres de foi, mais il a toujours poursuivi la bonté et la paix avec les peuples autour de lui.

Par exemple, lorsqu'Abraham a quitté Ur selon le commandement de Dieu, son neveu Lot l'a accompagné. Lorsque leurs possessions sont devenues grandes, Abraham et Lot n'étaient plus à même de rester sur la même terre. L'insuffisance de pâturages et d'eau avait conduit vers une « querelle entre les bergers des troupeaux d'Abram et les bergers des troupeaux de Lot » (Genèse 13 :7). Malgré qu'Abraham était beaucoup plus âgé, il n'a pas recherché ni insisté sur ses intérêts. Il a concédé à son neveu Lot le choix de la meilleure terre. Il a dit à Lot dans Genèse 13 :9, « *Tout le pays n'est-il pas devant toi? Sépare-toi donc de moi: si tu vas à gauche, j'irai à droite; si tu vas à droite, j'irai à gauche.* »

Et parce qu'Abraham était un homme avec un cœur pur, il n'a rien pris de ce qui n'était pas à lui, ni un fil, ni un cordon de soulier (Genèse 14 :23). Lorsque Dieu lui dit que les villes de Sodome et Gomorrhe qui vivaient dans le péché devaient être détruites, Abraham, un homme qui avait l'amour spirituel a plaidé avec Dieu et a reçu Sa parole qu'il ne détruirait pas Sodome s'il s'y trouvait dix justes.

La bonté et la foi d'Abraham étaient parfaites au point qu'il obéissait au commandement de Dieu qui demandait maintenant la vie de son fils unique comme holocauste.

Dans Genèse 22 :2, Dieu a ordonné à Abraham, « *Prends ton fils, ton unique, celui que tu aimes, Isaac; va-t'en au pays de Morija, et là offre-le en holocauste sur l'une des montagnes que je te dirai.* »

Isaac était le fils né à Abraham lorsqu'Abraham avait cent ans. Avant qu'Isaac ne naisse, Dieu avait déjà dit à Abraham que celui qui sortira de ses propres entrailles serait son héritier et que le nombre de ses descendants serait équivalent aux nombres des étoiles. Si Abraham avait suivi des pensées charnelles, il n'aurait pas pu être d'accord avec le commandement de Dieu et offrir Isaac. Abraham a cependant obéi immédiatement sans demander aucune explication.

Au moment où Abraham étendait la main pour égorger Isaac après avoir bâti l'autel, l'ange de Dieu l'a appelé et lui a dit, « *Abraham! Abraham! N'avance pas ta main sur l'enfant, et ne lui fais rien; car je sais maintenant que tu crains Dieu, et que tu ne m'as pas refusé ton fils, ton unique.* » Combien cette scène estelle bénie et touchante ?

Parce qu'il ne s'est jamais reposé sur ses pensées charnelles, il n'y avait aucun conflit ni angoisse dans le cœur d'Abraham et il ne pouvait qu'obéir avec foi aux commandements de Dieu. Il a placé toute sa confiance dans le Dieu fidèle qui accomplit sûrement tout ce qu'Il a promis, le Dieu tout puissant qui ressuscite les morts et le Dieu d'amour qui ne souhaite donner à ses enfants que des bonnes choses. Comme le cœur d'Abraham n'était qu'obéissance et qu'il a montré les œuvres de la foi, Dieu a accepté Abraham en tant que père de la foi.

> *Je le jure par moi-même, parole de l'Éternel! Parce que tu as fait cela, et que tu n'as pas refusé ton fils, ton unique, je te bénirai et je multiplierai ta postérité, comme les étoiles du ciel et comme le sable qui est sur le bord de la mer; et ta postérité possédera la porte de ses ennemis. Toutes les nations de la terre seront bénies en ta postérité, parce que tu as obéi à ma voix.* (Genèse 22 :16-18)

Comme Abraham possédait ce type d'ampleur de bonté et de foi pour plaire à Dieu, il a été appelé « ami » de Dieu et considéré comme le père de la foi. Il est aussi devenu le père de toutes les nations et la source de toutes les bénédictions tout comme Dieu le lui avait promis lorsqu'il l'a appelé au commencement, « *Je bénirai ceux qui te béniront, et je maudirai ceux qui te maudiront; et toutes les familles de la terre seront bénies en toi.* » (Genèse 12 :3)

La providence de Dieu au travers de Jacob, le Père d'Israël et de Joseph, le Rêveur

Isaac était né d'Abraham le père de la foi et deux fils, Esaü et Jacob étaient nés d'Isaac. Dieu a choisi Jacob, dont le cœur était supérieur à celui de son frère, alors qu'il était encore dans le ventre de sa mère. Jacob serait plus tard appelé « Israël » et il est devenu l'origine de la nation d'Israël et le père des douze tribus.

Dans le fait d'avoir racheté à son frère Esaü son droit d'aînesse et d'avoir trompé son père Isaac pour recevoir la bénédiction de son frère, Jacob a profondément désiré les bénédictions de Dieu et les choses spirituelles. Jacob avait en lui un caractère de tromperie, mais Dieu savait que lorsque Jacob serait transformé, il deviendrait un grand vase. Pour cette raison, Dieu a permis vingt années d'épreuves à Jacob de manière à ce que son égo soit totalement brisé et qu'il devienne humble.

Lorsque Jacob a volé avec ruse à son frère aîné Esaü son droit d'aînesse, Esaü a essayé de le tuer et Jacob a dû fuir loin de lui. Finalement, Jacob est parti vivre chez son oncle Laban et gardait les moutons et les chèvres. Il a dû travailler en prenant soin des moutons et chèvres de son oncle. C'est pourquoi il a confessé dans Genèse 31 :40, « *La chaleur me dévorait pendant le jour, et le froid pendant la nuit, et le sommeil fuyait de mes yeux.* »

Dieu paye en retour chaque personne selon ce qu'il a semé. Il a vu Jacob accomplir cela fidèlement, et il l'a béni d'une grande prospérité. Lorsque Dieu lui a dit de retourner vers sa terre natale, Jacob a quitté Laban et est retourné vers la maison avec sa famille et ses biens. En atteignant la rivière Jabbok, il a entendu que son frère Esaü était de l'autre côté de la rivière avec 400 hommes.

Jacob ne pouvait pas retourner vers Laban à cause de la promesse qu'il avait faite à son oncle. Il ne pouvait pas non plus traverser la rivière et aller à la rencontre d'Esaü qui brûlait de vengeance. Se trouvant dans un piège, Jacob ne s'est plus fié à sa sagesse mais il a tout remis entre les mains de Dieu dans la prière. Se débarrassant entièrement de tout cadre de pensée, Jacob s'est battu avec Dieu dans la prière au point de démettre l'emboîture de sa hanche.

Jacob s'est battu avec Dieu et a gagné, c'est pourquoi Dieu l'a béni en disant, « *Ton nom ne sera plus Jacob, mais tu seras appelé Israël; car tu as lutté avec Dieu et avec des hommes, et tu as été vainqueur* » (Genèse 32 :28). Alors Jacob a aussi pu se réconcilier avec son frère Esaü.

La raison pour laquelle Dieu a choisi Jacob était parce qu'il était tellement persévérant et juste et qu'au travers des épreuves, il pourrait devenir un grand vase pour jouer un rôle significatif dans l'histoire d'Israël.

Jacob avait douze fils et les douze fils ont posé les fondements pour former la nation d'Israël. Cependant, parce qu'ils n'étaient qu'une simple tribu, Dieu a planifié de les placer dans les liens de l'Egypte, qui était une nation puissante jusqu'à ce que les descendants de Jacob puissent devenir une grande nation.

Ce plan provenait de l'amour de Dieu qui voulait les protéger des autres nations. La personne qui avait reçu cette tâche monumentale était Joseph qui était le 11ème fils de Jacob.

Parmi ses 12 fils, Jacob était tellement partial avec Joseph qu'il l'avait revêtu d'une tunique multicolore et ainsi de suite. Joseph est devenu la cible de la haine et de la jalousie de ses frères et il a été vendu en tant qu'esclave en Egypte à l'âge de 17 ans par ses frères. Mais il ne s'est jamais plaint ni n'a donné la faute à ses frères.

Joseph a été vendu à la maison de Potiphar, officier de Pharaon, le chef de sa garde. Là, il a travaillé avec diligence et fidélité et il a gagné la confiance et la faveur de Potiphar. C'est pourquoi Joseph est devenu un superviseur de la maison de Potiphar et toute la maison lui était confiée.

Un problème a surgi alors. Étant donné que Joseph était beau de taille et de figure, la femme de son maître a commencé à le séduire. Joseph était juste et il craignait sincèrement Dieu, c'est pourquoi quand elle le séduisait, il a dit avec assurance, « *Comment ferais-je un aussi grand mal et pécherais-je contre Dieu?* » (Genèse 39 :9)

Finalement, sous ses accusations mensongères, Joseph a été emprisonné là où les prisonniers du roi étaient enfermés. Même en prison, Dieu était avec Joseph, et avec la faveur de Dieu, Joseph est rapidement devenu responsable de « tout ce qui se faisait » en prison.

Au travers de ces étapes sur sa route, Joseph a été capable de gagner de la sagesse au moyen de laquelle il pourrait plus tard diriger une nation, de cultiver ses dispositions politiques et de devenir un grand vase qui pourrait embrasser de nombreuses personnes dans son cœur.

Après avoir interprété les rêves de Pharaon et avoir aussi donné des solutions sages au problème que Pharaon et son peuple allaient devoir affronter, Joseph est devenu intendant de l'Egypte après Pharaon. Ainsi, par la profonde providence de Dieu et au travers des épreuves données à Joseph, Dieu a placé Joseph à la position de vice-roi à l'âge de 30 ans dans l'une des nations les plus puissantes de cette époque.

Tout comme Joseph avait révélé dans l'interprétation du rêve de Pharaon, une famine de sept années a frappé le Proche Orient y compris l'Egypte, et comme il avait déjà fait des préparatifs pour un tel évènement, Joseph a pu délivrer tous les égyptiens. Les frères de Joseph sont arrivés en Egypte à la recherche de nourriture, réunis avec leur frère et le reste de la famille a été rapidement relogée en Egypte où ils ont vécu dans la prospérité et ont pavé la route pour la naissance de la nation d'Israël.

Moïse, un grand leader qui fait de l'Exode une réalité

Après s'être installés en Egypte, les descendants d'Israël ont grandi en nombre et en prospérité et sont rapidement devenus assez nombreux pour former leur propre nation.

Lorsqu'un nouveau roi, qui ne connaissait pas Joseph est venu au pouvoir, il a commencé à se méfier de la prospérité et de la force des descendants d'Israël. Le roi et les officiels de la cour ont rapidement commencé à rendre la vie des israélites amère par de rudes travaux en argile et en briques, et par tous les ouvrages des champs : et c'était avec cruauté qu'ils leur imposaient toutes ces charges. (Exode 1 :13-14)

Cependant, « *Mais plus on l'accablait, plus il multipliait et s'accroissait.* » Pharaon a rapidement ordonné que tous les garçons d'Israël soient tués à la naissance. En entendant les israélites crier à cause de leur esclavage, Dieu s'est souvenu de son alliance avec Abraham, Isaac et Jacob.

Je te donnerai, et à tes descendants après toi, le pays que tu habites comme étranger, tout le pays de Canaan, en possession perpétuelle, et je serai leur Dieu. (Genèse 17 :8)

Je te donnerai le pays que j'ai donné à Abraham et à Isaac, et je donnerai ce pays à ta postérité après toi. (Genèse 35 :12)

Pour conduire les fils d'Israël hors de leur tourment et de les conduire dans le pays de Canaan, Dieu a préparé un homme qui obéirait à Ses commandements sans conditions et qui conduirait Son peuple avec Son cœur.

Cette personne était Moïse. Les parents de Moïse l'ont caché pendant trois mois après sa naissance, mais lorsqu'ils n'ont plus pu le cacher, ils l'ont mis dans un panier d'osier et ils ont mis le panier au milieu des roseaux sur la rive du Nil. Lorsque la fille

Israël : Elue de Dieu

de Pharaon a découvert l'enfant dans le panier et a décidé de le garder comme sien propre, la sœur du bébé qui se trouvait à distance et observait ce qui allait se passer avec le bébé a recommandé à la fille de Pharaon la mère biologique de Moïse en tant que nourrice.

Moïse a donc été élevé au palais royal et par sa mère biologique et il a donc naturellement appris au sujet de Dieu et des israélites, son propre peuple.

Alors, un jour, il a vu son compatriote hébreux être battu par un égyptien et dans l'angoisse il a fini par tuer l'égyptien. Lorsque cela fut connu, Moïse s'enfuit de devant Pharaon et il se retira dans le pays de Madian. Il a gardé des moutons pendant 40 ans et cela fait partie de la providence de Dieu qui voulait entraîner Moïse en tant que leader de l'Exode.

Au temps choisi par Dieu, Il a appelé Moïse et lui a ordonné de conduire les israélites hors d'Egypte vers Canaan, un pays où coulent le lait et le miel.

Comme Pharaon avait le cœur endurci, il n'a pas écouté le commandement de Dieu donné par Moïse. La conséquence fut que Dieu a apporté les Dix Plaies à l'Egypte et a par la force fait sortir les israélites du pays d'Egypte.

Ce n'est qu'après avoir subi la mort de leurs fils premiers nés que Pharaon et son peuple se sont prosternés devant Dieu et que le peuple d'Israël a pu être libéré de son esclavage. Dieu Lui-même a conduit les israélites à chaque étape de leur route ; Dieu a partagé la Mer Rouge afin qu'ils puissent la traverser à sec. Lorsqu'ils n'avaient pas d'eau à boire, Dieu a fait jaillir l'eau d'un rocher et lorsqu'ils n'avaient pas de nourriture à manger, Dieu a envoyé la manne et les cailles. Dieu a accompli ces miracles au travers de Moïse pour assurer la survie de millions d'israélites dans le désert pendant 40 ans.

Le Dieu fidèle a conduit le peuple d'Israël dans le pays de Canaan par Josué, le successeur de Moïse. Dieu a aidé Josué et son peuple à franchir la Rivière Jourdain à la manière de Dieu et leur a permis de conquérir la ville de Jéricho. Et à Sa propre manière, Dieu leur a permis de conquérir et de posséder la plus grande partie du pays de Canaan où coulaient le lait et le miel.

Bien sûr, la conquête de Canaan n'était pas uniquement la bénédiction de Dieu pour les israélites, mais c'était aussi le résultat de Son juste jugement envers les habitants de Canaan qui étaient devenus corrompus par le péché et le mal. Les habitants du pays de Canaan sont devenus fortement corrompus et devaient faire l'objet d'un jugement, et alors, dans Sa justice, Dieu a conduit les israélites à prendre le pays.

Comme Dieu l'a dit à Abraham, « *A la quatrième génération, ils reviendront ici* » (Genèse 15 :16), les descendants d'Abraham, Jacob et ses fils ont quitté Canaan pour l'Egypte, s'y sont installés et leurs descendants sont revenus vers le pays de Canaan.

David établit un Israël puissant

Après la conquête du pays de Canaan, Dieu a dirigé Israël au travers des juges et des prophètes pendant la Période des Juges et ensuite Israël est devenu un royaume. Pendant le règne du roi David qui aimait Dieu plus que tout, les fondations de la nation ont été établies.

Dans sa jeunesse, David a tué un grand guerrier philistin avec une fronde et une pierre et en reconnaissance de son service sur le champ de bataille, David a été établi sur les hommes d'armes dans l'armée du roi Saul. Lorsque David est rentré à la maison après avoir battu les philistins, beaucoup de femmes ont chanté et ont dit, *« Saül a frappé ses mille, Et David ses dix mille. »* Et tous les israélites ont commencé à aimer David. Le roi Saul a échafaudé des plans pour tuer David à cause de sa jalousie.

Parmi les tentatives désespérées de tuer David, celui-ci a eu deux opportunités de tuer le roi, mais il a refusé de tuer le roi qui avait été oint par Dieu Lui-même. Il n'a fait que du bien au roi. A une occasion, David s'est prosterné avec son visage sur le sol et a dit au roi Saul, *« Vois, mon père, vois donc le pan de ton manteau dans ma main. Puisque j'ai coupé le pan de ton manteau et que je ne t'ai pas tué, sache et reconnais qu'il n'y a dans ma conduite ni méchanceté ni révolte, et que je n'ai point péché contre toi. Et toi, tu me dresses des embûches, pour m'ôter la vie! »* (1 Samuel 24 :12)

David, un homme selon le cœur de Dieu a poursuivi la bonté en toutes choses, même après être devenu roi. Pendant son règne, David a gouverné son royaume avec justice et il l'a fortifié. Comme Dieu marchait avec le roi, David était victorieux dans ses guerres contre les voisins Philistins, les Moabites, les Amalécites, les Amanites et les Edomites. Il a étendu le territoire d'Israël et les butins de guerre et les tributs n'ont fait que faire croître le trésor du royaume de David. En parallèle, il jouissait d'une ère de prospérité.

David a aussi déménagé l'Arche d'Alliance à Jérusalem, a établi les procédures pour offrir des sacrifices, et a renforcé la foi dans le Seigneur Dieu. David a aussi établi Jérusalem comme centre politique et religieux du royaume et a fait tous les préparatifs pour la construction du saint Temple de Dieu qui devrait être bâti pendant le règne de son fils Salomon.

Au travers de tout son territoire, Israël était le plus splendide et puissant pendant le règne du roi David, et le roi David était grandement admiré par son peuple et il a donné une grande gloire à Dieu. En plus de cela, quel grand patriarche était David, de sorte que le Messie devait venir de sa descendance.

Elie ramène le cœur des Israélites vers Dieu

Salomon, le fils du roi David a adoré des idoles vers la fin de sa vie et le royaume a été divisé en deux après sa mort. Parmi les douze tribus d'Israël, dix ont formé le royaume d'Israël dans le nord tandis que les deux autres tribus ont formé le royaume de Juda dans le sud.

Dans le royaume d'Israël, les prophètes Amos et Osée ont révélé la volonté de Dieu à Son peuple tandis que les prophètes Esaïe et Jérémie ont exercé le ministère dans le royaume de Juda. Dès que le moment prévu était arrivé, Dieu envoyait Ses prophètes et accomplissait Sa volonté au travers d'eux. L'un d'eux était le prophète Elie qui a exercé son ministère pendant le règne du roi Achab dans le royaume du nord.

Au temps d'Elie, la reine Gentille Jézabel a apporté Baal en Israël et l'adoration des idoles était commune partout dans le royaume. La première mission du prophète Elie a été de dire au roi Achab qu'il n'y aurait plus de pluie dans le royaume d'Israël pendant trois ans et demi en tant que résultat du jugement de Dieu pour leur idolâtrie.

Lorsque le prophète a appris que le roi et la reine essaient de le tuer, Elie a fui vers Sarepta qui appartenait à Sidon. Une veuve lui a procuré un morceau de pain, et en récompense pour ce service, le prophète a manifesté une merveilleuse bénédiction sur la veuve et son bol de farine ne s'est pas vidé, ni sa jarre d'huile ne s'est tarie jusqu'à la fin de la famine. Plus tard, Elie a aussi ressuscité le fils mort de cette veuve.

Au sommet du mont Carmel, Elie a défié 450 prophètes de Baal et 400 prophètes d'Astarté et il a fait descendre le feu du ciel. De manière à détourner le cœur des israélites des idoles et de les ramener à Dieu, Elie a restauré l'autel de Dieu, a versé de l'eau sur l'autel et les offrandes et a prié Dieu avec ferveur.

Dieu d'Abraham, d'Isaac et d'Israël! Que l'on sache aujourd'hui que tu es Dieu en Israël, que je suis ton serviteur, et que j'ai fait toutes ces choses par ta parole! Réponds-moi, Éternel, réponds-moi, afin que ce peuple reconnaisse que c'est toi, Éternel, qui es Dieu, et que c'est toi qui ramènes leur cœur! Et le feu de l'Éternel tomba, et il consuma l'holocauste, le bois, les pierres et la terre, et il absorba l'eau qui était dans le fossé. Quand tout le peuple vit cela, ils tombèrent sur leur visage et dirent: C'est l'Éternel qui est Dieu! C'est l'Éternel qui est Dieu! Saisissez les prophètes de Baal, leur dit Élie; qu'aucun d'eux n'échappe! Et ils les saisirent. Élie les fit descendre au torrent de Kison, où il les égorgea. (1 Rois 18 :36-40)

De plus, il a fait tomber la pluie du ciel après trois années et demi de sécheresse, a traversé la Rivière Jourdain comme s'il marchait sur un sol sec et a prophétisé sur les rois qui devraient succéder. En manifestant la miraculeuse puissance de Dieu, Elie a clairement témoigné du Dieu vivant.

2 Rois 2 :11 dit, « *Comme ils continuaient à marcher en parlant, voici un char de feu et des chevaux de feu les séparèrent l'un de l'autre et Elie monta au ciel dans un tourbillon.* » Parce qu'Elie plaisait à Dieu au plus haut point, à cause de sa foi et qu'il a reçu Son amour et Sa reconnaissance, le prophète est monté au ciel sans faire face à la mort.

Daniel révèle la gloire de Dieu aux nations

Deux cent cinquante ans plus tard, environ vers 605 avant JC, dans la troisième année du règne du roi Jojakim, Jérusalem est tombée sous l'invasion du roi Nebucadnetsar de Babylone et beaucoup de membres de la famille royale de Juda furent amenés captifs.

Faisant partie de la politique de réconciliation du roi Nebucadnetsar, le roi a ordonné à Aschpenaz, le chef de ses eunuques d'amener quelques uns des jeunes des enfants d'Israël, y compris certains de la famille royale et des nobles sans défauts corporels, beaux de figure, doués de sagesse, d'intelligence et d'instruction et qui étaient capables de servir dans le palais du roi. Et le roi lui a ordonné de leur enseigner la littérature et la langue des Chaldéens et parmi ces jeunes, il y avait Daniel. (Daniel 1 :3-4)

Daniel cependant résolut de ne pas se souiller par les mets du roi et par le vin dont le roi buvait, et il pria le chef des eunuques de ne pas l'obliger à se souiller. (Daniel 1 :8)

Malgré qu'il soit un prisonnier de guerre, Daniel a reçu les bénédictions de Dieu parce qu'il Le craignait dans tous les domaines de sa vie. Dieu donna à Daniel et à ses amis de la science et de l'intelligence dans toutes lettres et de la sagesse. Daniel expliquait même toutes les visions et les songes. (Daniel 1 :17)

C'est pourquoi il a continué à gagner la faveur et la reconnaissance des rois malgré que les royautés changent. En reconnaissant l'extraordinaire esprit de Daniel, le roi Darius de Perse a pensé le nommer sur le royaume entier. Alors, un groupe d'officiels de la cour sont devenus jaloux de Daniel et ont commencé à chercher un sujet d'accusation contre Daniel dans le gouvernement des affaires. Mais ils n'ont pu trouver aucun sujet d'accusation ni de preuve de corruption.

Lorsqu'ils ont appris que Daniel priait son Dieu trois fois par jour, les satrapes et les chefs se sont présentés devant le roi et l'ont pressé de créer un édit avec une défense sévère, portant que quiconque dans l'espace de trente jours adressera des prières à quelque dieu ou à quelque homme, excepté au roi, sera jeté dans la fosse aux lions. Daniel n'a pas tremblé ; même au risque de perdre sa réputation, sa haute position, et sa vie dans la fosse aux lions, il a continué à prier, à faire face à Jérusalem comme il l'avait fait auparavant.

Sur ordre du roi, Daniel a été précipité dans la fosse aux lions, mais parce que Dieu avait envoyé Son ange pour fermer la gueule des lions, Daniel n'a pas été blessé. En apprenant cela, le roi Darius a écrit à tous les peuples et nations et aux hommes de toutes langues qui habitaient sur toute la terre, et il les a fait chanter les louanges et donner gloire à Dieu :

J'ordonne que dans toute l'étendue de mon royaume, on ait de la crainte et de la frayeur pour le Dieu de Daniel. Car Il est le Dieu vivant et Il subsiste éternellement ; Son royaume ne sera jamais détruit et Sa domination durera jusqu'à la fin. C'est Lui qui délivre et qui sauve, qui opère des signes et des prodiges dans les cieux et sur la terre. C'est Lui qui a délivré Daniel de la puissance des lions. (Daniel 6 :26-27)

En plus des précurseurs de la foi mentionnés précédemment et qui avaient une grande renommée en Dieu, aucun montant de papier ou d'encre ne serait suffisant pour décrire les œuvres de foi de Gédéon, Barak, Samson, Jephté, Samuel, Esaïe, Jérémie, Ezéchiel, les trois amis de Daniel, Esther, et tous les prophètes présentés dans la Bible.

Les grands précurseurs pour toutes les nations de la terre

Depuis les premiers temps de la nation d'Israël, Dieu a personnellement dirigé et orienté le cours de son histoire. Chaque fois qu'Israël se retrouvait dans une crise, Dieu l'a délivré au travers des prophètes qu'Il avait préparés et Il a dirigé l'histoire d'Israël.

C'est pourquoi, contrairement à celle des autres nations, l'histoire d'Israël s'est déroulée selon la providence de Dieu depuis les jours d'Abraham et elle continuera à se dérouler en accord avec le plan de Dieu jusqu'à la fin des temps.

Pour Dieu le fait de nommer et d'utiliser les pères de la foi parmi le peuple d'Israël pour Sa providence et Son plan, n'était pas uniquement pour Ses élus, les israélites, mais aussi pour tous les peuples qui partout ont la foi en Dieu.

Abraham deviendra certainement une nation grande et puissante et en lui seront bénies toutes les nations de la terre. (Genèse 18 :18)

Dieu souhaite que « toutes les nations de la terre » deviennent les enfants d'Abraham par la foi et reçoivent les bénédictions d'Abraham. Il n'a pas seulement réservé les bénédictions pour Ses élus les israélites. Dieu a promis à Abraham dans Genèse 17 :4-5 qu'il deviendrait le père d'une multitude de nations, et dans Genèse 12 :3 que toutes les familles de la terre seraient bénies en lui et dans Genèse 22 :17-18 que toutes les nations de la terre seraient bénies par sa semence.

De plus, au travers de l'histoire d'Israël, Dieu a ouvert le chemin au travers duquel toutes les nations de la terre arriveraient à connaître que seul l'Eternel Dieu est le Dieu véritable, le serviraient et deviendraient Ses vrais enfants qui l'aiment.

J'ai exaucé ceux qui ne demandaient rien, je Me suis laissé trouver par ceux qui ne me cherchaient pas ; J'ai dit : Me voici, Me voici ! A une nation qui ne s'appelait pas de Mon nom. (Esaïe 65 :1)

Dieu a établi de grands précurseurs et a personnellement conduit et gouverné l'histoire d'Israël de manière à permettre aux Gentils et à Ses élus les israélites d'invoquer Son nom. Dieu a accompli l'histoire de la culture humaine jusque là, mais maintenant Il a préparé un autre plan merveilleux de manière à ce qu'Il puisse appliquer la providence de la culture humaine également aux Gentils. C'est pourquoi, au temps de son choix, Dieu a envoyé Son Fils dans le pays d'Israël non seulement en tant que Messie d'Israël mais en tant que Messie pour toute l'humanité.

Des Gens qui Témoignent de Jésus Christ

Au travers de l'histoire de la culture humaine, Israël était toujours au centre de l'accomplissement de la providence de Dieu. Dieu s'est révélé Lui-même aux précurseurs de la foi, leur a promis les choses qui allaient se produire et les a accomplies telles qu'Il les avait promises. Il a aussi dit aux israélites que le Messie viendrait de la tribu de Juda et de la maison de David et qu'Il sauverait toutes les nations de la terre.

C'est pourquoi, Israël a attendu le Messie qui avait été prophétisé dans l'Ancien Testament. Le Messie est Jésus Christ. Bien sûr, les gens qui ont la foi dans le Judaïsme ne reconnaissent pas Jésus comme Fils de Dieu et le Messie, mais au contraire, ils attendent toujours sa venue.

Cependant, le Messie qu'Israël attend et le Messie pour lequel le restant de ce chapitre est écrit sont le même.

Que disent les gens de Jésus Christ ? Si vous examinez les prophéties concernant le Messie et leur accomplissement, ainsi que les qualifications pour le Messie, vous ne pourrez qu'affirmer que le Messie qu'Israël attendait n'est personne d'autre que Jésus Christ.

Paul, Persécuteur de Jésus Christ devient Son Apôtre

Paul était né à Tarse en Cilicie, la Turquie des temps modernes, il y a environ 2.000 ans, et son nom de naissance était Saul. Saul a été circoncis le huitième jour de sa naissance dans la nation d'Israël, la tribu de Benjamin et est un hébreux fils d'hébreux. Saul a été trouvé sans blâme quand à la justice de la Loi. Il a aussi été instruit sous Gamaliel, un docteur de la Loi qui était respecté par tout le peuple. Il vivait strictement selon la loi de ses pères et il avait la citoyenneté romaine qui était la nation la plus puissante du monde en ce temps là. En un mot, Paul ne manquait de rien en termes charnels en ce qui concerne sa famille, sa lignée ; sa connaissance, sa santé ou l'autorité.

Parce qu'il aimait Dieu par-dessus tout, Saul a persécuté avec zèle les disciples de Jésus Christ. C'est parce que lorsqu'il entendait les chrétiens affirmer que le Jésus crucifié était le Fils de Dieu et le Sauveur et que Jésus était ressuscité le troisième jour après Son enterrement, Saul considérait cela comme un blasphème contre Dieu Lui-même.

Saul pensait aussi que les disciples de Jésus Christ constituaient une menace pour le Judaïsme Pharisaïque qu'il suivait passionnément. Pour cette raison, Saul a persécuté sans cesse l'église et l'a détruite et il a pris la tête de l'arrestation des croyants en Jésus Christ.

Il a emprisonné beaucoup de chrétiens et a jeté des sorts sur eux quand ils étaient tués. Il a aussi puni les croyants dans toutes les synagogues, a essayé de les faire blasphémer contre Jésus

Christ et a continué à les poursuivre dans des villes étrangères.

Alors Saul a connu une expérience remarquable au travers de laquelle sa vie a complètement été bouleversée. Sur son chemin vers Damas, une lumière céleste l'a environnée.

« Saul, Saul, pourquoi Me persécutes-tu ? »

« Qui es-Tu Seigneur ? »

« Je suis Jésus que tu persécutes. »

Saul s'est relevé, mais il ne pouvait plus rien voir ; les gens l'ont amené à Damas. Il est resté là pendant trois jours sans la vue. Il n'a ni mangé ni bu. Après cet incident, le Seigneur est apparu en vision à un disciple nommé Ananias.

> *Et le Seigneur lui dit: Lève-toi, va dans la rue qu'on appelle la droite, et cherche, dans la maison de Judas, un nommé Saul de Tarse. Car il prie, et il a vu en vision un homme du nom d'Ananias, qui entrait, et qui lui imposait les mains, afin qu'il recouvrât la vue. Va, car cet homme est un instrument que j'ai choisi, pour porter mon nom devant les nations, devant les rois, et devant les fils d'Israël; et je lui montrerai tout ce qu'il doit souffrir pour mon nom.* (Actes 9 :11-12 ; 15-16)

Lorsqu'Ananias a imposé les mains à Saul et a prié pour lui, immédiatement des écailles sont tombées de ses yeux et il a recouvert la vue. Après avoir rencontré le Seigneur, Saul a réalisé ses péchés encore et encore, et il s'est rebaptisé « Paul » ce qui signifie « un petit homme ». A partir de ce moment, Paul a prêché avec assurance aux Gentils le Dieu vivant et l'évangile de Jésus Christ.

> *Je vous déclare, frères, que l'Évangile qui a été annoncé par moi n'est pas de l'homme; car je ne l'ai ni reçu ni appris d'un homme, mais par une révélation de Jésus-Christ. Vous avez su, en effet, quelle était autrefois ma conduite dans le judaïsme, comment je persécutais à outrance et ravageais l'Église de Dieu, et comment j'étais plus avancé dans le judaïsme que beaucoup de ceux de mon âge et de ma nation, étant animé d'un zèle excessif pour les traditions de mes pères. Mais, lorsqu'il plut à celui qui m'avait mis à part dès le sein de ma mère, et qui m'a appelé par sa grâce, de révéler en moi son Fils, afin que je l'annonçasse parmi les païens, aussitôt, je ne consultai ni la chair ni le sang, et je ne montai point à Jérusalem vers ceux qui furent apôtres avant moi, mais je partis pour l'Arabie. Puis je revins encore à Damas.* (Galates 1 :11-17)

Même après avoir rencontré le Seigneur Jésus Christ et avoir prêché l'évangile, Paul a enduré toutes espèces de souffrances qui ne peuvent pas avec exactitude être exprimées par des mots. Paul s'est souvent retrouvé dans de nombreux travaux, dans de nombreux emprisonnements, par les coups, bien plus; par les emprisonnements, bien plus. Souvent en danger de mort, cinq

Israël : Elue de Dieu

fois il a reçu des Juifs quarante coups moins un, trois fois il a été battu de verges, une fois il a été lapidé, trois fois il a fait naufrage, il a passé un jour et une nuit dans l'abîme. Fréquemment en voyage, il a été en péril sur les fleuves, en péril de la part des brigands, en péril de la part de ceux de sa nation, en péril de la part des païens, en péril dans les villes, en péril dans les déserts, en péril sur la mer, en péril parmi les faux frères. Il a été dans le travail et dans la peine, exposé à de nombreuses veilles, à la faim et à la soif, à des jeûnes multipliés, au froid et à la nudité. (2 Corinthiens 11 :23-27)

Il aurait facilement pu vivre une vie prospère et confortable avec son statut, autorité, connaissance et sagesse, mais Paul a laissé tout cela et a soumis tout ce qu'il possédait au Seigneur.

Car je suis le moindre des apôtres, je ne suis pas digne d'être appelé apôtre, parce que j'ai persécuté l'Église de Dieu. Par la grâce de Dieu je suis ce que je suis, et sa grâce envers moi n'a pas été vaine; loin de là, j'ai travaillé plus qu'eux tous, non pas moi toutefois, mais la grâce de Dieu qui est avec moi. (1 Corinthiens 15 :9-10)

Paul pouvait faire cette confession avec assurance parce qu'il avait eu l'expérience très vivante d'avoir rencontré Jésus Christ. Le Seigneur n'a pas seulement rencontré Paul sur le chemin de Damas, mais Il a aussi confirmé Sa présence avec Paul en manifestant de merveilleuses œuvres de puissance.

Dieu a accompli d'extraordinaires miracles par les mains

de Paul, de sorte que même des mouchoirs et des tabliers étaient apportés de son corps vers les malades et les maladies les quittaient et les esprits impurs fuyaient. Paul a même ramené à la vie un jeune homme appelé Eutychus lorsqu'il est tombé du troisième étage et ramassé pour mort. Ramener une personne morte à la vie est impossible sans la puissance de Dieu.

L'Ancien Testament mentionne que le prophète Elie a ramené à la vie le fils mort de la veuve de Sarepta et le prophète Elisée a ranimé le fils mort d'une femme de distinction de Sunem. Comme l'a écrit le Psalmiste dans le Psaume 62 :12, « *Dieu a parlé une fois; Deux fois j'ai entendu ceci: C'est que la force est à Dieu.* » La puissance de Dieu est donnée aux hommes de Dieu.

Pendant ses trois voyages missionnaires, Paul a établi le fondement pour que l'évangile de Jésus Christ soit prêché à toutes les nations en établissant des églises à de nombreux endroits en Asie et en Europe, y compris l'Asie Mineure et la Grèce. Le chemin avait donc été ouvert au travers duquel l'évangile de Jésus Christ serait prêché à tous les coins de la terre et des myriades d'âmes seraient sauvées.

Pierre Manifeste une Grande Puissance et sauve d'Innombrables Âmes

Que pouvons-nous dire de Pierre qui a été le fer de lance de la prédication de l'évangile aux juifs ? C'était un pêcheur ordinaire avant de rencontrer Jésus, mais après avoir été appelé par Jésus et avoir expérimenté les merveilleuses choses que Jésus accomplissait, Pierre est devenu l'un de Ses meilleurs disciples.

Lorsque Pierre a vu Jésus manifester le niveau de magnitude de puissance qu'aucun autre homme ne pouvait même imiter, y compris ouvrir les yeux des aveugles, faire lever des paralytiques, ressusciter les morts, et qu'il a vu Jésus accomplir de bonnes œuvres et qu'il a vu Jésus couvrir les manquements et les transgressions du peuple, Pierre a pu croire, 'Il est vraiment venu de Dieu.' Nous pouvons trouver sa confession dans Matthieu 16.

« Qui dites-vous que Je suis ? » (V15)
« Tu es le Christ, le Fils du Dieu vivant. » (V16)

Alors quelque chose d'inimaginable est arrivée à Pierre qui a pu faire une si ferme confession. Pierre a même confessé à Jésus lors du dernier souper, « Quand tu serais pour tous une occasion de chute, tu ne le seras jamais pour moi. » Mais la nuit où Jésus a été capturé et crucifié, Pierre a renié Jésus trois fois à cause de la peur de la mort.

Après que Jésus soit ressuscité et monté aux cieux, Pierre a reçu le Saint Esprit et a été transformé d'une manière merveilleuse. Il en est arrivé à consacrer chaque seconde de sa vie à la prédication de l'évangile de Jésus Christ sans craindre la mort. En un seul jour, 3.000 personnes se sont repenties et ont été baptisées lorsqu'il a fermement témoigné de Jésus Christ. Même devant les dirigeants juifs qui le menaçaient de prendre sa vie, il a proclamé avec hardiesse que Jésus Christ est Seigneur et Sauveur.

« Repentez-vous, et que chacun de vous soit baptisé au nom de Jésus-Christ, pour le pardon de vos péchés; et vous recevrez le don du Saint-Esprit. Car la promesse est pour vous, pour vos enfants, et pour tous ceux qui sont au loin, en aussi grand nombre que le Seigneur notre Dieu les appellera. » (Actes 2 :38-39)

« Jésus est La pierre rejetée par vous qui bâtissez, Et qui est devenue la principale de l'angle. Il n'y a de salut en aucun autre; car il n'y a sous le ciel aucun autre nom qui ait été donné parmi les hommes, par lequel nous devions être sauvés. » (Actes 4 :11-12)

Pierre a montré la puissance de Dieu en manifestant de nombreux signes et miracles. À Lydde, Pierre a guéri un homme qui avait été paralysé pendant huit ans, et dans la Joppé toute proche, il a ressuscité Tabitha qui était tombée malade et était morte. Pierre a aussi fait lever et marcher les paralytiques, et a guéri des gens frappés d'une variété de maladies et il a chassé des démons.

La puissance de Dieu a accompagné Pierre dans une telle mesure que les gens amenaient même les malades dans les rues et les déposaient sur des lits ou des grabats parce qu'ils s'attendaient à ce que lorsque Pierre passerait, son ombre puisse au moins tomber sur certains d'entre eux (Actes 5 :15).

De plus, Dieu a révélé à Pierre au travers de visions que

l'évangile du salut devait être apporté aux Gentils. Un jour, tandis que Pierre était monté sur une terrasse pour prier, il s'est senti affamé et désirait manger quelque chose. Tandis que la nourriture était préparée, Pierre est entré dans une transe et il a vu le ciel s'ouvrir et une grande nappe qui descendait. Il y avait dans cette nappe tous les quadrupèdes et les reptiles de la terre et les oiseaux du ciel (Actes 10 :9-12). Pierre a alors entendu une voix.

« Lève-toi, Pierre, tue et mange ! » (V13)

« Non, Seigneur, car je n'ai jamais rien mangé de souillé ni d'impur. » (V14)

« Ce que Dieu a déclaré pur, ne le regarde pas comme souillé. » (V15)

Cela s'est produit trois fois et tout fut enlevé dans le ciel. Pierre ne pouvait pas comprendre pourquoi Dieu lui ordonnait de manger quelque chose défini comme « impur » par la loi de Moïse. Pendant que Pierre méditait la vision, le Saint Esprit lui a dit, *« Voici, trois hommes te demandent; lève-toi, descends, et pars avec eux sans hésiter, car c'est moi qui les ai envoyés. »* (Actes 10 :19-20). Les trois hommes venaient de la part du Gentil Corneille qui les avait envoyés pour que Pierre vienne dans sa maison.

Au travers de cette vision, Dieu a révélé à Pierre que Dieu voulait que Sa miséricorde soit prêchée même aux Gentils et il a pressé Pierre de leur prêcher l'évangile de Jésus Christ. Pierre était tellement reconnaissant au Seigneur qui l'a aimé jusqu'à la fin et qui lui a confié une tâche sacrée en tant que Son apôtre malgré qu'il l'ait renié trois fois et qu'il n'a pas épargné sa propre vie en conduisant d'innombrables âmes sur le chemin du salut, et qu'il est mort en martyr.

L'Apôtre Jean Prophétise sur les Derniers Jours sous la Révélation de Jésus Christ

Jean était précédemment un pêcheur en Galilée, mais après avoir été appelé par Jésus, Jean a toujours marché avec Lui et a expérimenté Ses manifestations de signes et de prodiges. Jean a vu Jésus changer de l'eau en vin aux noces de Cana, guérir d'innombrables malades, y compris une personne qui avait été malade pendant 38 ans, chasser de nombreux démons et ouvrir les yeux des aveugles. Jean a aussi vu Jésus marcher sur les eaux et ressusciter Lazare qui avait été mort pendant quatre jours.

Jean a suivi Jésus lorsqu'Il a été transfiguré (son visage brillait comme le soleil et ses vêtements sont devenus blancs comme la lumière) et a parlé avec Moïse et Elie au sommet de la montagne de la transfiguration. Même lorsque Jésus a expiré sur la croix, Jean l'a entendu lui parler ainsi qu'à la Vierge Marie :

« Femme, voici ton fils ! »
« Voici ta mère ! »

Par ces trois dernières paroles que Jésus a prononcées à la

croix, Jésus réconfortait physiquement Marie qui l'avait porté et Lui avait donné naissance, mais dans le sens spirituel, il proclamait à toute l'humanité que tous les croyants étaient des frères, des sœurs et des mères.

Jésus n'a jamais fait référence à Marie en tant que Sa « mère ». Comme Jésus Lui-même est Dieu par essence, personne ne peut Lui avoir donné naissance et Il ne pouvait jamais avoir de mère. La raison pour laquelle Jésus a dit à Jean, « Voici ta mère » était parce que Jean devait servir Marie en tant que sa mère. Dès cet instant Jean a pris Marie dans sa maison et l'a servie comme sa mère.

Après la résurrection et l'ascension de Jésus dans les cieux, il a prêché l'évangile de Jésus Christ avec diligence avec les autres apôtres malgré les constantes menaces des juifs. Au travers de son ardente prédication de l'évangile, la Première Eglise a expérimenté un réveil spectaculaire, mais en même temps, les apôtres ont continuellement fait l'objet de persécutions.

L'apôtre Jean a été interrogé par le Conseil des juifs et plus tard, il a été plongé dans de l'huile bouillante par l'Empereur Romain Domitien. Mais Jean n'a ressenti aucune douleur par la puissance et la providence de Dieu et l'Empereur l'a exilé sur l'île Grecque de Patmos dans la mer Méditerranée. Là Jean a communiqué avec Dieu dans la prière et sous l'inspiration du Saint Esprit et l'aide des anges, il a vu de nombreuses visions profondes et a relaté l'apocalypse de Jésus Christ.

Révélation de Jésus-Christ, que Dieu lui a donnée pour

montrer à ses serviteurs les choses qui doivent arriver bientôt, et qu'il a fait connaître, par l'envoi de son ange, à son serviteur Jean. (Apocalypse 1 :1)

Sous l'inspiration du Saint Esprit, l'apôtre Jean a écrit dans le détail les choses qui se passeront dans les Derniers Jours de sorte que tous les gens acceptent Jésus Christ en tant que leur Sauveur et se préparent à Le recevoir en tant que Roi des rois et Seigneur des seigneurs lors de sa Seconde Venue.

Les Membres de la Première Eglise s'accrochaient fermement à leur Foi

Lorsque le Jésus ressuscité est monté au ciel, Il a promis à Ses disciples qu'il reviendrait de la même manière dont ils l'ont vu entrer dans les cieux.

Les innombrables témoins de la résurrection et de l'ascension de Jésus ont réalisé qu'ils seront capables de ressusciter et ils n'ont plus craint la mort. C'est ainsi qu'ils ont pu vivre leur vie en tant que Ses témoins face aux oppressions et menaces des princes de ce monde et de la persécution qui leur a souvent coûté la vie. Non seulement les disciples de Jésus qui l'avaient servi pendant Son ministère public mais aussi d'innombrables autres sont devenus des proies pour les lions dans le Colisée de Rome, ont été décapités, crucifiés ou brûlés et réduits en cendres. Tous cependant ont tenu ferme à leur foi en Jésus Christ.

Comme la persécution contre les chrétiens s'accentuait,

les membres de la première Eglise se sont réfugiés dans les catacombes de Rome, connues en tant que « cimetières souterrains. » Leurs vies étaient misérables ; c'était comme s'ils ne vivaient pas réellement. Parce qu'ils avaient un amour passionné et véritable pour le Seigneur, ils ne craignaient cependant plus aucune espèce d'épreuve ni de tourment.

Avant que le christianisme ne soit officiellement reconnu à Rome, l'oppression contre les chrétiens était dure et cruelle au-delà de toute description. Les chrétiens étaient dépouillés de leur citoyenneté, les Bibles et les églises étaient incendiées et les dirigeants d'églises et les ouvriers arrêtés, brutalement torturés et exécutés.

Polycarpe de l'Eglise de Smyrne en Asie Mineure avait une communion fraternelle avec l'apôtre Jean. Polycarpe était un évêque dévoué. Lorsque Polycarpe a été arrêté par les autorités romaines et s'est tenu devant le Gouverneur, il n'a pas renié sa foi.

« Je ne veux pas te disgracier. Ordonne que ces chrétiens soient tués et je te relâcherai. Maudis Christ ! »

« Pendant 86 ans, j'ai été Son serviteur, et Il ne m'a fait aucun tort. Comment puis-je blasphémer contre mon Roi qui m'a sauvé ? »

Ils ont essayé de le brûler à mort, mais parce que cela avait échoué, l'évêque Polycarpe de Smyrne est mort en martyr après avoir été battu à mort. Lorsque de nombreux autres chrétiens ont vu et entendu les pas de la foi de Polycarpe et son martyre, ils ont pu imaginer la Passion de Jésus Christ et ont choisi eux-mêmes le chemin du martyre.

> *Puis il leur dit: Hommes Israélites, prenez garde à ce que vous allez faire à l'égard de ces gens. Car, il n'y a pas longtemps que parut Theudas, qui se donnait pour quelque chose, et auquel se rallièrent environ quatre cents hommes: il fut tué, et tous ceux qui l'avaient suivi furent mis en déroute et réduits à rien. Après lui, parut Judas le Galiléen, à l'époque du recensement, et il attira du monde à son parti: il périt aussi, et tous ceux qui l'avaient suivi furent dispersés. Et maintenant, je vous le dis ne vous occupez plus de ces hommes, et laissez-les aller. Si cette entreprise ou cette œuvre vient des hommes, elle se détruira; mais si elle vient de Dieu, vous ne pourrez la détruire. Ne courez pas le risque d'avoir combattu contre Dieu.* (Actes 5 :35-39)

Comme le réputé Gamaliel a exhorté et repris le peuple d'Israël de la sorte, l'évangile de Jésus Christ qui venait de Dieu Lui-même n'a pas pu être stoppé. Finalement en 313 Après JC, l'Empereur Constantin a reconnu le christianisme en tant que religion officielle de son empire et l'évangile de Jésus Christ a commencé à être prêché au monde entier.

Le Témoignage sur Jésus Relaté dans le Rapport de Pilate

Parmi les documents historiques du temps de l'Empire Romain, il y a un manuscrit sur la résurrection de Jésus qu'a écrit Ponce Pilate, Gouverneur à l'époque de Jésus de la province romaine de Judée et qu'il a envoyé à l'Empereur.

Le texte suivant est un extrait de l'évènement de la résurrection de Jésus du « Rapport de Pilate à César concernant l'arrestation, l'épreuve et la crucifixion de Jésus, » qui est actuellement conservé dans le Hagia Sophia à Istanbul en Turquie :

> *Quelques jours après que le sépulcre soit trouvé vide, ses disciples ont proclamé partout dans le pays que Jésus était ressuscité des morts comme il l'avait prédit. Cela a même provoqué plus d'excitation que la crucifixion. Quand à la véracité de la chose, je ne puis dire avec exactitude, mais j'ai fait certaines recherches sur le sujet ; ainsi, vous pourrez voir par vous-même, et dire si je suis fautif comme le prétend Hérode.*

> *Joseph a enterré Jésus dans sa propre tombe. Qu'il ait contemplé sa résurrection ou calculé de lui en faire une autre, je ne puis le dire. Le jour après qu'il soit enterré un des sacrificateurs est venu au Prétoire pour me dire qu'il appréhendait le fait que ses disciples avaient l'intention de voler le corps de Jésus et de le cacher et ensuite de*

faire comme s'il était ressuscité des morts comme Il l'avait prédit, et ce dont ils étaient parfaitement convaincus.

Je lui ai envoyé le capitaine de la garde royale (Malcus) pour lui dire de prendre les soldats juifs et d'en placer autant que nécessaire autour du sépulcre ; ainsi, si quelque chose se produisait, ils ne pourraient s'en prendre qu'à eux-mêmes et non pas aux romains.

Lorsque la grande excitation est arrivée au sujet du sépulcre trouvé vide, j'ai ressenti une plus grande sollicitude que jamais. J'ai envoyé chercher cet homme Islam afin qu'il me relate aussi fidèlement que possible les circonstances suivantes. Ils ont vu une lumière douce et belle au dessus du sépulcre. Lui a au début cru que les femmes étaient venues pour embaumer le corps de Jésus, comme c'était leur coutume, mais il n'a pas pu voir comment elles avaient pu traverser la garde. Pendant que ces pensées lui traversaient l'esprit, toute la place a été illuminée et il semblait y avoir des multitudes de morts dans leurs vêtements mortuaires.

Tous semblaient être remplis d'extase et crier, tandis que tout autour et au dessus, il y avait la plus belle des musiques qu'il n'avait jamais entendue et tout l'air semblait être rempli de voix louant Dieu. Pendant tout ce temps il semblait que la terre bougeait et tremblait et il ne pouvait rester sur ses pieds. Il lui semblait que la terre semblait nager sous lui et il a perdu les sens et il ne savait pas au juste ce qui s'était passé.

Comme nous le lisons dans Matthieu 27 : 51-53, « *la terre trembla, les rochers se fendirent, les sépulcres s'ouvrirent, et plusieurs corps des saints qui étaient morts ressuscitèrent. Étant sortis des sépulcres, après la résurrection de Jésus, ils entrèrent dans la ville sainte, et apparurent à un grand nombre de personnes.* » Les gardes romains ont donné un témoignage identique.

Après avoir enregistré le témoignage des soldats romains qui avaient vu ce phénomène spirituel, Pilate note vers la fin de son rapport, « Je suis presque prêt à dire : 'Vraiment celui-ci était le Fils de Dieu.' »

Beaucoup ont témoigné du Seigneur Jésus Christ

Non seulement les disciples de Jésus qui l'avaient servi pendant Son ministère public ont porté témoignage de l'évangile de Jésus Christ. Tout comme Jésus l'a dit dans Jean 14 :13, « *Et tout ce que vous demanderez en mon nom, je le ferai, afin que le Père soit glorifié dans le Fils,* » d'innombrables témoins ont reçu les réponses de Dieu à leurs prières et ont témoigné du Dieu vivant et du Seigneur Jésus Christ depuis Sa résurrection et Son ascension dans le ciel.

Mais vous recevrez une puissance, le Saint-Esprit survenant sur vous, et vous serez mes témoins à Jérusalem, dans toute la Judée, dans la Samarie, et jusqu'aux extrémités de la terre. (Actes 1 :8)

J'ai accepté le Seigneur après avoir été guéri par la puissance de Dieu de toutes mes maladies contre lesquelles la science médicale avait été totalement impuissante. Plus tard, j'ai été oint pour être un serviteur du Seigneur Jésus Christ et j'ai prêché l'évangile à tous les peuples et manifesté les signes et les miracles.

Comme promis dans le verset ci-dessus, beaucoup de gens sont devenus des enfants de Dieu en recevant le Saint Esprit et ont dédié leur vie à prêcher l'évangile de Jésus Christ avec la puissance du Saint Esprit. C'est comme cela que l'évangile a été répandu dans le monde entier et que d'innombrables personnes aujourd'hui rencontrent le Dieu vivant et acceptent Jésus Christ.

Allez par tout le monde, et prêchez la bonne nouvelle à toute la création. Celui qui croira et qui sera baptisé sera sauvé, mais celui qui ne croira pas sera condamné. Voici les miracles qui accompagneront ceux qui auront cru: en mon nom, ils chasseront les démons; ils parleront de nouvelles langues; ils saisiront des serpents; s'ils boivent quelque breuvage mortel, il ne leur fera point de mal; ils imposeront les mains aux malades, et les malades, seront guéris. (Marc 16 :15-18)

L'Eglise du Saint Sépulcre à Golgotha, la Colline du Calvaire à Jérusalem

Chapitre 2

LE MESSIE ENVOYÉ PAR DIEU

Dieu promet le Messie

Israël a souvent perdu sa souveraineté et a dû souffrir d'invasions et les lois telles que celles des Perses et de Rome. Au travers de Ses prophètes, Dieu a fait un grand nombre de promesses au sujet du Messie qui devait venir en tant que Roi d'Israël. Il ne pouvait pas y avoir de plus grande source d'espérance pour les israélites affligés que les promesses de Dieu concernant le Messie.

> *Car un enfant nous est né, un fils nous est donné, Et la domination reposera sur son épaule; On l'appellera Admirable, Conseiller, Dieu puissant, Père éternel, Prince de la paix. Donner à l'empire de l'accroissement, Et une paix sans fin au trône de David et à son royaume, L'affermir et le soutenir par le droit et par la justice, Dès maintenant et à toujours: Voilà ce que fera le zèle de l'Éternel des armées.* (Esaïe 9 :5-6)

> *Voici, les jours viennent, dit l'Éternel, Où je susciterai à David un germe juste; Il régnera en roi et prospérera, Il pratiquera la justice et l'équité dans le pays. En son temps, Juda sera sauvé, Israël aura la sécurité dans sa*

demeure; Et voici le nom dont on l'appellera: L'Éternel notre justice. (Jérémie 23 :5-6)

Sois transportée d'allégresse, fille de Sion! Pousse des cris de joie, fille de Jérusalem! Voici, ton roi vient à toi; Il est juste et victorieux, Il est humble et monté sur un âne, Sur un âne, le petit d'une ânesse. Je détruirai les chars d'Éphraïm, Et les chevaux de Jérusalem; Et les arcs de guerre seront anéantis. Il annoncera la paix aux nations, Et il dominera d'une mer à l'autre, Depuis le fleuve jusqu'aux extrémités de la terre. (Zacharie 9 :9-10)

Israël a attendu le Messie sans cesse jusqu'à ce jour. Qu'est ce qui retarde la venue du Messie qu'Israël attend avec ferveur et anticipe ? Beaucoup de juifs veulent une réponse à cette question, mais la réponse se trouve dans le fait qu'ils ne savent pas que le Messie est déjà venu.

Jésus le Messie a souffert tel que cela avait été prophétisé par Esaïe

Le Messie que Dieu a promis à Israël et a réellement envoyé est Jésus. Jésus est né en Juda à Bethléem il y a environ 2.000 ans et lorsque Son heure fut venue, Jésus est mort à la croix, est ressuscité et a ouvert pour toute l'humanité le chemin du salut. Les juifs de son époque n'ont cependant pas reconnu Jésus comme étant le Messie qu'ils attendaient. C'est parce que Jésus semblait totalement différent de l'image du Messie qu'ils s'étaient imaginée.

Les juifs sont devenus fatigués des périodes extensives de loi coloniale et ils espéraient un Messie puissant qui les délivrerait de leur lutte politique. Ils croyaient que le Messie viendrait en tant que Roi d'Israël, mettrait fin à toutes les guerres, les délivrerait de la persécution et de l'opposition, leur donnerait la paix véritable et les magnifierait au dessus de toutes les nations.

Jésus n'est cependant pas venu dans ce monde en splendeur et majesté convenable pour la royauté, mais Il est né en tant que fils d'un pauvre menuisier. Il n'est même pas venu pour délivrer Israël de l'oppression romaine ni pour restaurer sa gloire passée. Il est venu dans ce monde pour restaurer l'humanité qui était destinée à la destruction depuis le péché d'Adam et pour en faire des enfants de Dieu.

Pour ces raisons ; les juifs n'ont pas reconnu Jésus en tant que Messie et ils l'ont au contraire crucifié. Si nous étudions cependant l'image du Messie telle qu'elle est relatée dans la Bible, nous ne pouvons qu'affirmer que le Messie est en réalité Jésus.

Il s'est élevé devant lui comme une faible plante, Comme un rejeton qui sort d'une terre desséchée; Il n'avait ni beauté, ni éclat pour attirer nos regards, Et son aspect n'avait rien pour nous plaire. Méprisé et abandonné des hommes, Homme de douleur et habitué à la souffrance, Semblable à celui dont on détourne le visage, Nous l'avons dédaigné, nous n'avons fait de lui aucun cas. (Esaïe 53 :2-3)

Dieu a dit aux israélites que le Messie, le Roi d'Israël n'aurait aucune forme classique de majesté ni d'apparence pour nous attirer mais qu'au contraire, il serait méprisé et abandonné par les hommes. Malgré cela, les israélites ont échoué à reconnaître Jésus comme étant le Messie que Dieu leur avait promis.

Il a été méprisé et abandonné par les élus de Dieu, les israélites, mais Dieu a placé Jésus Christ au dessus de toutes les nations et d'innombrables personnes l'ont accepté à ce jour comme leur Sauveur.

Comme c'est écrit dans le Psaume 118 :22-23, « *La pierre qu'ont rejetée ceux qui bâtissaient Est devenue la principale de l'angle. C'est de l'Éternel que cela est venu: C'est un prodige à nos yeux.* » La providence du salut de l'humanité a été accomplie par Jésus qu'Israël avait abandonné.

Jésus n'avait pas l'apparence du Messie que le peuple d'Israël s'attendait à voir, mais nous pouvons comprendre que Jésus est le Messie au sujet duquel Dieu a prophétisé au travers de Ses prophètes.

Tout, y compris la gloire, la paix et la restauration que Dieu nous a promise au travers du Messie appartiennent au monde spirituel et Jésus qui est venu dans ce monde pour accomplir la tâche du Messie a dit, « *Mon royaume n'est pas de ce monde.* » (Jean 18 :36)

Le Messie à propos duquel Dieu a prophétisé n'était pas

un roi avec une autorité et une gloire du monde. Le Messie ne devait pas venir dans ce monde de sorte que les enfants de Dieu puissent jouir de la prospérité, de la réputation et de l'honneur pendant leur vie temporaire dans ce monde. Il devait venir pour sauver Son peuple de leurs péchés et les conduire à jouir de la gloire et de la joie éternelles dans le ciel pour l'éternité.

En ce jour, le rejeton d'Isaï Sera là comme une bannière pour les peuples; Les nations se tourneront vers lui, Et la gloire sera sa demeure. (Esaïe 11 :10)

Le Messie promis ne devait pas uniquement venir pour les élus de Dieu, les israélites, mais aussi pour accomplir la promesse de salut pour tous ceux qui accepteraient la promesse de Dieu du Messie avec foi en suivant les traces de la foi d'Abraham. En bref, le Messie devant venir pour accomplir la promesse du salut de Dieu en tant que Sauveur de toutes les nations de la terre.

Le Besoin du Sauveur pour Toute l'Humanité

Pourquoi le Messie devait-il venir dans ce monde pas uniquement pour le salut du peuple d'Israël, mais aussi pour celui de toute l'humanité ?

Dans Genèse 1 :28, Dieu a béni Adam et Eve et leur a dit, « *Soyez féconds, multipliez, remplissez la terre, et l'assujettissez; et dominez sur les poissons de la mer, sur les oiseaux du ciel, et sur tout animal qui se meut sur la terre.* »

Après avoir créé le premier homme Adam et l'avoir établi en tant que seigneur de toute la création, Dieu a donné à l'homme l'autorité d'« assujettir » et de « dominer » sur toute la terre. Mais lorsqu'Adam a mangé de l'arbre de la connaissance du bien et du mal, ce que Dieu lui avait formellement interdit, et qu'il a commis le péché de désobéissance sous la tentation du serpent manipulé par Satan, Adam n'a pas pu continuer à jouir d'une telle autorité.

Lorsqu'ils ont obéi à la parole de justice de Dieu, Adam et Eve étaient des esclaves de la justice et jouissaient de l'autorité que Dieu leur avait donnée, mais après qu'ils aient péché, ils sont devenus esclaves du péché et du diable et ils ont été forcés de transférer les autorités (Romains 6 :16). Donc, toute l'autorité qu'Adam avait reçue de Dieu a été remise au diable.

Dans Luc 4, l'ennemi diable a tenté trois fois Jésus qui venait de terminer un jeûne de 40 jours. Le diable a montré à Jésus tous les royaumes de la terre et Lui a dit, « *Je te donnerai toute cette puissance, et la gloire de ces royaumes; car elle m'a été donnée, et je la donne à qui je veux. Si donc tu te prosternes devant moi, elle sera toute à toi* » (Luc 4 :6-7). Le diable suggère que « la gloire de ces royaumes » lui « a été donnée » par Adam et le diable peut aussi la donner à quelqu'un d'autre.

Oui, Adam a perdu toute l'autorité et l'a transférée au diable, et par conséquent il est devenu esclave du diable. Depuis lors, Adam a ajouté péché sur péché sous le contrôle du diable et il a été placé sur le chemin de la mort, qui est le salaire du péché. Cela ne s'est pas arrêté avec Adam mais a affecté tous ses descendants, qui devaient hériter du péché originel d'Adam au travers des influences héréditaires. Ils étaient aussi placés sous l'autorité du péché gouvernée par le diable et Satan et destinés à la mort.

Ceci montre la nécessité de la venue du Messie. Ce n'était pas seulement les élus de Dieu, les israélites, mais aussi tous les peuples de la terre, qui avaient besoin du Messie qui serait capable de les délivrer de l'autorité du diable et de Satan.

Qualifications du Messie

Tout comme il y a des lois dans ce monde, il y a aussi des lois et des règles dans le monde spirituel. Le fait qu'une personne tombe dans la mort ou reçoit le pardon de ses péchés et arrive au salut, dépend de la loi du monde spirituel.

A quelles qualifications doit donc satisfaire une personne pour devenir le Messie et sauver toute l'humanité des malédictions de la Loi ?

La provision concernant les qualifications du Messie se trouve dans la Loi que Dieu a donnée à Ses élus. La loi concerne la rédemption de la terre.

> *Les terres ne se vendront point à perpétuité; car le pays est à moi, car vous êtes chez moi comme étrangers et comme habitants. Dans tout le pays dont vous aurez la possession, vous établirez le droit de rachat pour les terres. Si ton frère devient pauvre et vend une portion de sa propriété, celui qui a le droit de rachat, son plus proche parent, viendra et rachètera ce qu'a vendu son frère.* (Lévitique 25 :23-25)

La Loi de la Rédemption de la Terre Contient les Secrets de la Qualification du Messie

Les élus de Dieu, les israélites vivaient selon la Loi. Donc, lors d'une transaction de vente ou d'achat d'une terre, ils adhéraient strictement à la loi de la rédemption de la terre relatée dans la Bible. Contrairement à la terre dans les autres pays, la loi d'Israël mettait clairement en valeur dans le contrat que la terre ne pouvait pas être vendue de manière permanente mais qu'elle pouvait être rachetée ultérieurement. Elle prévoit qu'un parent prospère peut racheter la terre pour un membre de sa famille qui l'avait vendue. Si la personne n'a pas de parent suffisamment prospère que pour la racheter mais qu'il a lui-même récupéré des moyens pour sa rédemption, la loi autorise le propriétaire original de la terre de la racheter pour lui-même.

Comment donc la loi de la rédemption de la terre dans le Lévitique a-t-elle un rapport avec les qualifications pour le Messie ?

Afin de mieux comprendre cela, nous devons garder en mémoire le fait que l'homme a été formé de la poussière de la terre. Dans Genèse 3 :19, Dieu a dit à Adam, « *C'est à la sueur de ton visage que tu mangeras du pain, jusqu'à ce que tu retournes dans la terre, d'où tu as été pris; car tu es poussière, et tu retourneras dans la poussière.* » Et il est dit dans Genèse 3 :23, « *Et l'Éternel Dieu le chassa du jardin d'Éden, pour qu'il cultivât la terre, d'où il avait été pris.* »

Dieu a dit à Adam, « Parce que tu es poussière, » et « la terre » signifie spirituellement que l'homme a été formé de la poussière de la terre. Ainsi, la loi de la rédemption de la terre qui concerne la vente et l'achat de terre est en relation directe à la loi du monde spirituel concernant le salut de l'humanité.

Selon la loi de la rédemption de la terre, Dieu possède toute la terre et aucun homme ne peut la vendre en permanence. De la même manière, toute l'autorité qu'Adam avait reçue de Dieu originellement appartenait à Dieu et personne ne pouvait donc la vendre d'une manière permanente. Si quelqu'un devenait pauvre et vendait sa terre, la terre devait être rachetée lorsqu'une personne adéquate se manifestait. De la même manière, le diable devait retourner l'autorité qui lui avait été donnée par Adam lorsqu'une personne qui pourrait racheter cette autorité se manifestait.

En se basant sur la loi de la rédemption de la terre, le Dieu d'amour et de justice a préparé une personne qui pourrait récupérer toute l'autorité qu'Adam avait transférée au diable. Cette personne est le Messie, et le Messie est Jésus Christ qui avait été préparé depuis l'éternité et qui avait été envoyé par Dieu Lui-même.

Qualifications du Sauveur et leur Accomplissement par Jésus Christ

Examinons maintenant pourquoi Jésus est le Messie et le Sauveur de toute l'humanité en nous basant sur la loi de la rédemption de la terre.

Premièrement, tout comme celui qui rachète la terre doit être un parent, le Sauveur doit également être un homme pour racheter l'humanité de ses péchés parce que toute l'humanité est devenue pécheresse au travers du péché du premier homme, Adam. Lévitique 25 :25 nous dit, « *Si ton frère devient pauvre et vend une portion de sa propriété, celui qui a le droit de rachat, son plus proche parent, viendra et rachètera ce qu'a vendu son frère.* » Si une personne ne peut plus se passer de vendre sa terre, son plus proche parent pouvait racheter cette terre. De la même manière, parce que le premier homme Adam a péché et a dû transférer au diable l'autorité que Dieu lui avait donnée, la rédemption de cette autorité transférée au diable peut et doit être accomplie par un homme, le « plus proche parent » d'Adam.

En tant qu'être humain, Jésus a dormi et a ressenti la faim et le soif, la joie et le regret. Lorsqu'Il était pendu à la croix, Jésus a saigné et a ressenti la douleur qui l'accompagne.

Comme nous trouvons dans 1 Corinthiens 15 :21, « *Car, puisque la mort est venue par un homme, c'est aussi par un homme qu'est venue la résurrection des morts* », la bible nous réaffirme que la rédemption de pécheurs peut être accomplie pas par les anges mais seulement par un homme. L'humanité était placée sur le chemin de la mort à cause du péché d'Adam le premier homme, quelqu'un d'autre doit les racheter de leur péché, et seulement un prochain, un plus proche parent d'Adam pouvait le faire.

Bien que Jésus possédait la nature humaine aussi bien que la nature divine en tant que Fils de Dieu, il était né d'un être humain pour racheter l'humanité de leurs péchés (Jean 1 :14) et a expérimenté la croissance. Comme un être humain, Jésus a dormi et a eu faim et soif, la joie et la tristesse. Quand il était crucifié, Jésus a saigné et a senti la douleur accompagnante.

Même dans le contexte historique, il y a une preuve indéniable attestant le fait que Jésus est venu dans ce monde en tant qu'être humain. Avec la naissance de Jésus en tant que point de référence, l'histoire du monde est divisée en deux parties : « Avant JC », et « après JC. » « Avant Jésus Christ » se réfère à la période avant la naissance de Jésus Christ et « Après Jésus Christ » ou « an de grâce » se réfère au temps depuis la naissance de Jésus. Ce fait affirme que Jésus est venu dans ce monde en tant qu'homme. Jésus satisfait donc à la première qualification du Sauveur parce qu'il est venu dans ce monde en tant qu'homme.

Deuxièmement, tout comme le rédempteur de la terre ne peut pas racheter la terre s'il est pauvre, un descendant d'Adam ne peut pas racheter l'humanité de ses péchés parce qu'Adam a péché et tous ses descendants sont nés avec le péché originel. La personne qui doit devenir le Sauveur de toute l'humanité ne doit pas être un descendant d'Adam.

Si un frère voulait rembourser la dette de sa sœur, lui-même doit être sans dettes. De la même manière, pour qu'une personne puisse racheter les autres de leurs péchés, il doit aussi être sans péchés. Si le rédempteur est rempli de péchés, il se trouve lui-même esclave du péché. Comment alors peut-il racheter les autres de leurs péchés ?

Après qu'Adam ait commis le péché de désobéissance, tous ses descendants sont nés avec le péché originel. Donc aucun descendant d'Adam ne peut jamais devenir le Sauveur.

En parlant charnellement, Jésus est le descendant de David et Ses parents sont Joseph et Marie. Matthieu 1 :20 dit cependant, *« L'enfant qu'elle a conçu vient du Saint-Esprit. »*

La raison pour laquelle chaque individu est né avec le péché originel est parce qu'il hérite des attributs pécheurs de ses parents au travers du sperme du père et de l'ovule de la mère. Jésus n'est cependant pas conçu du sperme de Joseph ni de l'ovule de Marie mais par la puissance du Saint Esprit. C'est parce qu'elle est devenue enceinte avant qu'ils n'aient couché ensemble. Le Dieu tout puissant peut faire en sorte qu'un enfant soit conçu par la puissance du Saint Esprit sans l'union du sperme et de l'ovule.

Jésus a seulement « emprunté » le corps de Marie la vierge comme il a été conçu par la puissance du Saint Esprit, Jésus n'a pas hérité des attributs pécheurs. Comme Jésus n'est pas un descendant d'Adam et se trouve sans le péché originel, il répond aussi à la seconde qualification pour être le Sauveur.

Troisièmement, en tant que rédempteur du pays, il doit être suffisamment prospère pour racheter la terre, le Sauveur de toute l'humanité doit avoir la puissance de détruire les œuvres du diable et de sauver l'humanité du diable.

Lévitique 25 :26-27 nous dit, « *Si un homme n'a personne qui ait le droit de rachat, et qu'il se procure lui-même de quoi faire son rachat, il comptera les années depuis la vente, restituera le surplus à l'acquéreur, et retournera dans sa propriété.* » En d'autres termes, pour qu'une personne rachète la terre, il doit posséder « les moyens » de le faire.

Délivrer les prisonniers de guerre nécessite qu'un camp ait la puissance de vaincre l'ennemi et rembourser la dette des autres nécessite que la personne doive avoir les moyens financiers. De la même manière, délivrer toute l'humanité de l'autorité du diable nécessite que le Sauveur doive posséder la puissance de vaincre le diable pour les sauver du diable.

Avant le péché, Adam possédait la puissance pour gouverner sur toutes les créatures, mais après son péché, Adam est devenu soumis à l'autorité du diable. De ceci, nous pouvons penser que la puissance pour vaincre le diable vient de l'absence de péché.

Jésus le Fils de Dieu était complètement sans péché. Parce que Jésus était conçu par le Saint Esprit et n'était pas un descendant d'Adam, il était sans le péché originel. De plus, parce qu'Il vivait selon la Loi de Dieu pendant toute Sa vie, Jésus n'avait pas de péchés qu'Il avait commis. Pour cette raison l'apôtre Pierre a dit que Jésus « *Lui qui n'a point commis de péché, Et dans la bouche duquel il ne s'est point trouvé de fraude; lui qui, injurié, ne rendait point d'injures, maltraité, ne faisait point de menaces, mais s'en remettait à celui qui juge justement.* » (1 Pierre2 :22-23)

Comme Il était sans aucun péché, Jésus avait la puissance et l'autorité de vaincre le diable et avait la puissance de sauver l'humanité du diable. Ses innombrables manifestations de signes miraculeux et de prodiges portent témoignage de cela. Jésus a guéri les gens malades, a chassé les démons, a ouvert les yeux des aveugles, les oreilles des sourds et fait marcher les paralytiques. Jésus a même calmé la mer violente et ressuscité les morts.

Le fait que Jésus était sans péchés a été réaffirmé sans aucun doute par Sa résurrection. Selon la loi du monde spirituel, les pécheurs doivent faire face à la mort (Romains 6 :23). Comme il était sans péchés, Jésus n'a cependant pas été placé sous la puissance de la mort. Il a expiré sur la croix et Son corps a été enterré dans le tombeau, mais le troisième jour, Il est ressuscité.

Souvenez-vous que de tels grands pères de fa foi tels qu'Hénoc, Elie ont été enlevés dans les cieux vivants sans faire face à la mort, parce qu'ils étaient sans péchés et sont devenus totalement sanctifiés. De la même manière, le troisième jour, après son ensevelissement, Jésus a bouleversé l'autorité du diable et de Satan au travers de Sa résurrection, et Il est devenu le Sauveur de toute l'humanité.

Quatrièmement, tout comme le rédempteur de la terre doit avoir l'amour pour racheter la terre de son parent, le Sauveur de l'humanité doit aussi posséder l'amour par lequel Il peut sacrifier Sa vie pour les autres.

Même si le Sauveur satisfait aux trois premières qualifications mentionnées ci-dessus mais qu'il n'a pas l'amour, Il ne pouvait pas devenir le Sauveur de toute l'humanité. Supposons qu'un frère a une dette de 100.000$ et que sa sœur est multi millionnaire. Sans amour, la sœur ne remboursera pas la dette de son frère et son énorme prospérité ne signifie rien pour son frère.

Jésus est entré dans le monde en tant qu'être humain, n'était pas un descendant d'Adam, et il possédait la puissance pour vaincre le diable parce qu'il n'avait aucun péché. Si cependant Il avait manqué d'amour, Jésus n'aurait pas pu racheter l'humanité de ses péchés. « La rédemption de l'humanité de ses péchés par Jésus » signifie qu'Il devait recevoir le châtiment de la mort à leur place. Pour que Jésus rachète l'humanité de ses péchés, Il devait être crucifié comme l'un des pires pécheurs du monde, pour souffrir toutes espèces de mépris et d'outrages, et de verser tout son sang et l'eau jusqu'à la mort. Parce que l'amour de Jésus pour l'humanité était tellement fervent et qu'il voulait racheter l'humanité de ses péchés, Jésus n'avait pas peur de la punition de la crucifixion.

Pourquoi alors, Jésus devait-Il être pendu sur la croix de bois et verser Son sang jusqu'à la mort ? Comme Deutéronome 21 :23 nous le dit, *« Celui qui est pendu est un objet de malédiction auprès de Dieu, »* et selon la loi du monde spirituel qui dit que « Le salaire du péché c'est la mort », Jésus a été pendu sur le bois pour racheter toute l'humanité de la malédiction du péché par laquelle elle était liée.

De plus, comme le dit Lévitique 17 :11, *« Car l'âme de la*

chair est dans le sang. Je vous l'ai donné sur l'autel, afin qu'il servît d'expiation pour vos âmes, car c'est par l'âme que le sang fait l'expiation. » Il n'y a point de pardon sans effusion de sang.

Bien sûr, le Lévitique nous dit que de la farine fine peut être offerte à Dieu en lieu du sang des animaux. Cette mesure était cependant destinée à ceux qui ne pouvaient pas se permettre d'offrir des animaux. Ce n'était pas le type d'offrande de sang qui plaisait à Dieu. Jésus nous a racheté de nos péchés en étant pendu au bois de la croix et en y saignant à mort.

Combien merveilleux était l'amour de Jésus au point qu'Il a versé Son sang sur la croix et a ouvert le chemin du salut pour ceux qui l'avaient méprisé et crucifié, malgré qu'il ait guéri les gens de toutes espèces de maladies, délié les chaînes de la méchanceté et fait que du bien ?

En nous basant sur la loi de la rédemption de la terre, nous concluons que seul Jésus répond aux qualifications du Sauveur qui peut délivrer l'humanité de ses péchés.

Le chemin du salut de l'humanité préparé avant les temps

Le chemin du salut de l'humanité s'est ouvert lorsque Jésus est mort à la croix et est ressuscité le troisième jour après Son enterrement, bouleversant l'autorité de la mort. La venue de Jésus dans ce monde pour accomplir la providence du salut de l'humanité et le fait pour Lui de devenir le Messie de l'humanité avait été prédit dès le moment où Adam a péché.

Dans Genèse 3 :15, Dieu a dit au serpent qui avait tenté la femme, « *Je mettrai inimitié entre toi et la femme, entre ta postérité et sa postérité: celle-ci t'écrasera la tête, et tu lui blesseras le talon.* » Ici, « la femme » représente spirituellement l'élue de Dieu, Israël et « le serpent » représente l'ennemi diable et Satan qui s'opposent à Dieu. Lorsque la semence de « la femme » « écrasera la tête (du serpent) », cela signifie que le Sauveur de l'humanité viendrait au milieu des israélites pour détruire la puissance de la mort de l'ennemi diable.

Un serpent devient inoffensif dès que sa tête est blessée. De la même manière, lorsque Dieu a dit au serpent que la postérité de la femme écrasera la tête du serpent, Il a prophétisé que le Christ pour l'humanité devrait être né en Israël et détruirait l'autorité du diable et Satan et sauverait les pécheurs liés sous leur autorité.

Parce qu'il est devenu conscient de cela, le diable a essayé de tuer la semence de la femme avant qu'il ne puisse endommager sa tête. C'est ainsi que le diable a cru qu'il pourrait éternellement jouir de l'autorité transférée par le désobéissant Adam uniquement s'il pouvait tuer la semence de la femme. L'ennemi diable ne savait cependant pas qui serait la semence de la femme et il a donc commencé à comploter pour tuer les fidèles prophètes aimés de Dieu depuis les temps de l'Ancien Testament.

Lorsque Moïse est né, l'ennemi diable a instigué Pharaon de l'Egypte à tuer tous les enfants males nés de femmes israélites (Exode 1 :15-22), et lorsque Jésus est venu dans ce monde dans la chair, il a bougé le cœur du roi Hérode et il lui a fait tuer tous les enfants males jusqu'à l'âge de deux ans qui se trouvaient à Bethléem et aux environs. C'est pourquoi Dieu a travaillé pour la famille de Jésus et les a fait fuir en Egypte.

Ensuite, Jésus a grandi sous la protection de Dieu Lui-même et Il a commencé Son ministère à l'âge de 30 ans. Selon la volonté de Dieu, Jésus a traversé toute la Galilée, enseignant dans leurs synagogues et guérissant toute espèce de maladies et tous types d'infirmités parmi le peuple, ressuscitant les morts et prêchant l'évangile du royaume des cieux aux pauvres.

Le diable et Satan ont poussé les principaux sacrificateurs, les scribes et les Pharisiens, et ils ont commencé à comploter des moyens de tuer Jésus au travers d'eux. Mais les méchants ne pouvaient même pas toucher Jésus jusqu'au temps fixé par Dieu. Ce n'est que vers la fin des trois années du ministère de Jésus que Dieu leur a permis d'arrêter et de crucifier Jésus pour accomplir la providence du salut de l'humanité au travers de la crucifixion de Jésus.

Succombant à la pression des juifs, le Gouverneur Romain Ponce Pilate a condamné Jésus à la crucifixion, et donc les soldats romains ont couronné Jésus d'épines et lui ont percé les mains et les pieds à la croix.

La crucifixion était l'une des méthodes les plus cruelles pour exécuter un criminel. Lorsque le diable a réussi à faire crucifier Jésus d'une manière tellement cruelle par les méchants, combien le diable a-t-il dû se réjouir ! Il s'attendait à ce que plus rien ni personne d'autre ne serait capable d'empêcher son règne sur le monde, et il a chanté des chants de joie en dansant. Mais la providence de Dieu se trouvait dans tout cela.

> *« Nous prêchons la sagesse de Dieu, mystérieuse et cachée, que Dieu, avant les siècles, avait destinée pour notre gloire, sagesse qu'aucun des chefs de ce siècle n'a connue, car, s'ils l'eussent connue, ils n'auraient pas crucifié le Seigneur de gloire. »* (1 Corinthiens 2 :7-8)

Parce que Dieu est juste, il n'exerce pas l'autorité absolue au point de briser la loi, mais il fait tout en accord avec la loi du monde spirituel. Ainsi, il avait pavé le chemin du salut de l'humanité avant les temps en accord avec la loi de Dieu.

Selon la loi du monde spirituel qui dit, « Le salaire du péché c'est la mort » (Romains 6 :23), si une personne ne pèche pas, il ne peut pas arriver à la mort. Le diable a cependant crucifié le Jésus sans tâche, sans blâme et sans péché. C'est pourquoi le diable a violé la loi du monde spirituel et a dû payer la pénalité en restituant l'autorité qu'Adam lui avait transférée après avoir commis le péché de désobéissance. En d'autres termes, le diable était maintenant obligé de relâcher sa main mise sur tous les gens qui accepteraient Jésus en tant que leur Sauveur et croiraient en Son nom.

Si l'ennemi diable avait connu cette sagesse de Dieu, il n'aurait pas fait crucifier Jésus. Cependant, parce qu'il n'avait aucune idée de ce secret, il a fait tuer le Jésus sans péchés, en croyant fermement que cela assurerait éternellement sa main mise sur le monde. Mais en réalité, le diable est tombé dans son propre piège et il a fini par violer la loi du monde spirituel. Combien merveilleuse est la sagesse de Dieu !

La vérité est que l'ennemi diable est devenu un instrument pour accomplir la providence de Dieu pour le salut de l'humanité et comme cela avait été prophétisé dans Genèse, sa tête a « été écrasée » par la postérité de la femme.

Au travers de la providence et de la sagesse de Dieu, le Jésus sans péchés est mort de manière à racheter toute l'humanité de ses péchés et en ressuscitant le troisième jour, il a bouleversé l'autorité de la mort de l'ennemi diable et est devenu le Roi des rois et le Seigneur des seigneurs. Il a ouvert la porte du salut de manière à ce que nous puissions devenir justifiés au travers de la foi en Jésus Christ.

C'est pourquoi, d'innombrables personnes au travers de l'histoire de l'humanité ont été sauvées au moyen de la foi en Jésus Christ et tant d'autres aujourd'hui acceptent le Seigneur Jésus Christ.

Recevant le Saint Esprit au moyen de la Foi en Jésus Christ

Pourquoi recevons-nous le salut lorsque nous croyons en Jésus Christ ? Après avoir accepté Jésus Christ comme notre Sauveur, nous recevons le Saint Esprit de Dieu. Lorsque nous recevons le Saint Esprit, nos esprits, qui avaient été morts sont ranimés. Comme le Saint Esprit est la puissance et le cœur de Dieu, le Saint Esprit conduit les enfants de Dieu dans la vérité, et leur apprend à vivre selon la volonté de Dieu.

Ceux donc qui croient véritablement en Jésus Christ en tant que leur Sauveur vont suivre les désirs du Saint Esprit et lutter pour vivre selon la parole de Dieu. Ils se libèreront de la haine, de la mauvaise humeur, de la jalousie, de l'envie, du jugement et de la condamnation des autres et de l'adultère et au contraire, ils vivront dans la bonté et la vérité et ils comprendront, serviront et aimeront les autres.

Comme cela est mentionné antérieurement, lorsque le premier homme Adam a péché en mangeant de l'arbre de la connaissance du bien et du mal, l'esprit de l'homme est mort et l'homme a été placé sur le chemin de la destruction. Mais lorsque nous recevons le Saint Esprit, nos esprits morts sont ranimés et dans la mesure où nous cherchons les désirs du Saint Esprit et marchons dans la parole de vérité de Dieu, nous devenons graduellement des hommes de vérité et récupérons l'image perdue de Dieu.

Lorsque nous marchons dans la parole de vérité de Dieu, notre foi sera reconnue comme une « foi véritable » et parce que nos péchés seront effacés par le sang de Jésus selon nos œuvres de foi, nous pouvons recevoir le salut. Pour cette raison, 1 Jean 1 :7 nous dit, « *Mais si nous marchons dans la lumière, comme il est lui-même dans la lumière, nous sommes mutuellement en communion, et le sang de Jésus son Fils nous purifie de tout péché.* »

C'est ainsi que nous parvenons au salut par la foi en recevant le pardon de nos péchés. Cependant, si nous vivons dans le péché malgré notre confession de foi, cette confession est un mensonge et donc, le sang de notre Seigneur Jésus Christ ne peut pas nous racheter de nos péchés et Il ne peut pas garantir notre salut.

Bien sûr, c'est une histoire différente pour les gens qui viennent de recevoir Jésus Christ. Même s'ils ne marchent pas encore dans la vérité, Dieu va examiner leurs cœurs et les conduire vers le salut lorsqu'ils combattent pour marcher vers la vérité.

Jésus accomplit les Prophéties

La parole de Dieu concernant le Messie prophétisée par les prophètes a été accomplie par Jésus. Chaque aspect de la vie de Jésus, de Sa naissance et Son ministère jusqu'à la mort et la crucifixion et Sa résurrection étaient dans la providence de Dieu afin qu'Il devienne le Messie et Sauveur de toute l'humanité.

Jésus né d'une Vierge à Bethléem

Dieu a prophétisé la naissance de Jésus au travers du prophète Esaïe. Au temps choisi par Dieu, la puissance de Dieu le très haut est descendue sur une femme de pureté appelée Marie à Nazareth en Galilée et elle devint rapidement enceinte d'un enfant.

C'est pourquoi le Seigneur lui-même vous donnera un signe, Voici, la jeune fille deviendra enceinte, elle enfantera un fils, Et elle lui donnera le nom d'Emmanuel. (Esaïe 7 : 14)

Juste comme Dieu a promis au peuple d'Israël, 'Il n'y aura pas de fin à la lignée de rois dans la maison de David'. Il a fait que le Messie vienne d'une femme nommée Marie, qui était due à être mariée à Joseph, un descendant de David. Puisque un descendant d'Adam né avec le péché originel ne pouvait pas racheter l'humanité de ses péchés, Dieu a accompli la prophétie en ayant Marie la vierge donner naissance à Jésus avant qu'elle et Joseph soient mariés.

Et toi, Bethléhem Éphrata, Petite entre les milliers de Juda, De toi sortira pour moi Celui qui dominera sur Israël, Et dont l'origine remonte aux temps anciens, Aux jours de l'éternité. (Michée 5 :1)

La Bible a prophétisé que Jésus serait né à Bethléem. En effet, Jésus est né à Bethléem en Judée pendant le règne du roi Hérode (Matthieu 2 :1), et l'histoire atteste ce fait.

Lorsque Jésus est né, le roi Hérode a eu peur de la menace sur son règne et il a essayé de faire tuer Jésus. Parce qu'il était incapable de trouver le bébé, le roi Hérode a cependant tué tous les enfants males à Bethléem et ses environs, jusqu'à l'âge de deux ans et il y avait donc des pleurs et des cris dans toute la région.

Si Jésus n'était pas venu dans ce monde en tant que vrai Roi des Juifs, pourquoi un roi aurait-il sacrifié tant d'enfants pour tuer un seul bébé ? Cette tragédie a été possible parce que l'ennemi diable qui essayait de tuer le Messie par peur de perdre son règne sur le monde a remué le cœur du Roi Hérode qui a eu peur de la perte de sa couronne et lui a fait commettre cette atrocité.

Jésus témoigne du Dieu vivant

Avant de commencer Son ministère, Jésus a obéi à la loi pendant les 30 années de Sa vie. Et quand Il est devenu suffisamment vieux pour devenir un sacrificateur, Il a commencé à accomplir Son ministère pour devenir le Messie comme cela a été planifié avant le commencement des temps.

> *L'esprit du Seigneur, l'Éternel, est sur moi, Car l'Éternel m'a oint pour porter de bonnes nouvelles aux malheureux; Il m'a envoyé pour guérir ceux qui ont le cœur brisé, Pour proclamer aux captifs la liberté, Et aux prisonniers la délivrance; Pour publier une année de grâce de l'Éternel, Et un jour de vengeance de notre Dieu; Pour consoler tous les affligés; Pour accorder aux affligés de Sion, Pour leur donner un diadème au lieu de la cendre, Une huile de joie au lieu du deuil, Un vêtement de louange au lieu d'un esprit abattu, Afin qu'on les appelle des térébinthes de la justice, Une plantation de l'Éternel, pour servir à sa gloire.* (Esaïe 61 :1-3)

Comme nous le trouvons dans la prophétie ci-dessus, Jésus a résolu tous les problèmes de la vie avec la puissance de Dieu et il a conforté les cœurs brisés. Et quand fut venu le temps de Dieu, Jésus est allé à Jérusalem pour souffrir la Passion.

> *Sois transportée d'allégresse, fille de Sion! Pousse des*

cris de joie, fille de Jérusalem! Voici, ton roi vient à toi; Il est juste et victorieux, Il est humble et monté sur un âne, Sur un âne, le petit d'une ânesse. (Zacharie 9 :9)

Selon la prophétie de Zacharie, Jésus est entré dans la ville de Jérusalem monté sur un ânon. La foule criait, « *Hosanna au Fils de David! Béni soit celui qui vient au nom du Seigneur! Hosanna dans les lieux très hauts!* » (Matthieu 21 :9), et il y avait de l'excitation dans toute la ville. Le peuple se réjouissait de cette manière parce que Jésus manifestait de tels signes merveilleux et des prodiges comme marcher sur l'eau et ressusciter les morts. Rapidement cependant, la foule allait le trahir et le crucifier.

Lorsqu'ils ont vu quelles grandes foules suivaient Jésus pour entendre Ses paroles d'autorité et pour voir la manifestation de la puissance de Dieu, les sacrificateurs, les Pharisiens et les scribes ont senti que leur position dans la société était menacée. Au départ de leur forte haine de Jésus, ils ont comploté de le tuer. Ils ont produit toutes espèces de fausses preuves contre Jésus pour l'accuser d'avoir trompé et incité le peuple. Jésus a démontré de merveilleuses œuvres de la puissance de Dieu qui ne pouvaient autrement être manifestées à moins que Dieu Lui-même soit avec Lui, mais ils ont essayé de se débarrasser de Jésus.

A la fin, un des disciples de Jésus l'a trahi et les sacrificateurs l'ont payé trente pièces d'argent en tant que salaire pour les aider à arrêter Jésus. Zacharie prophétise concernant ces trente pièces d'argent en disant, « *Et ils pesèrent pour mon salaire trente sicles d'argent. L'Éternel me dit: Jette-le au potier.* » (Zacharie 11 :12-13)

Plus tard, l'homme qui a trahi Jésus pour trente pièces d'argent a été incapable de surmonter le sentiment de culpabilité et il a jeté les trente pièces dans le sanctuaire du Temple, mais les sacrificateurs ont utilisé cet argent pour acheter le « champ du potier. » (Matthieu 27 :3-10)

La Passion et la Mort de Jésus

Comme le prophète Esaïe l'a prophétisé, Jésus a souffert la passion de manière à sauver tout le peuple. Parce que Jésus est venu dans ce monde pour accomplir la providence du rachat de son peuple de ses péchés, Il a été pendu et est mort sur la croix de bois qui était le symbole de la malédiction et Il a été sacrifié à Dieu en tant qu'offrande de culpabilité pour l'humanité.

Cependant, ce sont nos souffrances qu'il a portées, C'est de nos douleurs qu'il s'est chargé; Et nous l'avons considéré comme puni, Frappé de Dieu, et humilié. Mais il était blessé pour nos péchés, Brisé pour nos iniquités; Le châtiment qui nous donne la paix est tombé sur lui, Et c'est par ses meurtrissures que nous sommes guéris. Nous étions tous errants comme des brebis, Chacun suivait sa propre voie; Et l'Éternel a fait retomber sur lui l'iniquité de nous tous. Il a été maltraité et opprimé, Et il n'a point ouvert la bouche, Semblable à un agneau qu'on mène à la boucherie, A une brebis muette devant ceux qui la tondent; Il n'a point ouvert la bouche. Il a été enlevé par l'angoisse et le châtiment; Et parmi ceux de sa génération, qui a cru Qu'il était retranché de la terre des vivants Et frappé pour les péchés de mon peuple? On a mis son sépulcre parmi les méchants, Son tombeau avec le riche, Quoiqu'il n'eût point commis de violence Et qu'il n'y eût point de fraude dans sa bouche. Il a plu à l'Éternel de le briser par la souffrance... Après avoir livré sa vie en sacrifice pour le péché, Il verra une postérité et prolongera ses jours; Et l'oeuvre de l'Éternel prospérera entre ses mains. » (Esaïe 53 :4-10)

Pendant le temps de l'Ancien Testament, le sang des animaux était offert à Dieu chaque fois qu'une personne péchait contre Lui. Mais Jésus a versé Son sang pur qui ne contenait ni le péché originel ni des péchés commis par Lui et il a « offert un seul sacrifice perpétuel » de sorte que tous les hommes puissent recevoir le pardon de leurs péchés et aillent vers la vie éternelle (Hébreux 10 :11-12). Ainsi, il a pavé le chemin du pardon des péchés et du salut au moyen de la foi en Jésus Christ et nous n'avons plus besoin d'offrir en sacrifice le sang des animaux.

Lorsque Jésus a expiré sur la croix, le voile du temple s'est coupé en deux du haut jusqu'en bas (Matthieu 27 :51) Le voile du Temple était un large rideau séparant le Saint des saints du lieu Saint dans le Temple et aucune personne ordinaire ne pouvait pénétrer dans le lieu Saint. Seul le Souverain Sacrificateur pouvait entrer dans le Saint des Saints une fois par an.

Le fait que le « voile du Temple a été déchiré du haut

vers le bas » symbolise que lorsqu'Il S'est sacrifié en victime expiatoire Jésus a détruit le mur du péché qui existait entre Dieu et nous. Dans les temps de l'Ancien Testament, les souverains sacrificateurs devaient offrir des sacrifices à Dieu pour la rédemption du peuple d'Israël pour leurs péchés et il priait Dieu en leur faveur. Maintenant que le mur de péché qui se trouvait sur notre chemin de Dieu a été détruit, nous pouvons communiquer avec Dieu nous-mêmes. En d'autres termes, quiconque croit en Jésus Christ peut entrer dans le saint sanctuaire de Dieu et l'adorer et l'y prier.

> *C'est pourquoi je lui donnerai sa part avec les grands; Il partagera le butin avec les puissants, Parce qu'il s'est livré lui-même à la mort, Et qu'il a été mis au nombre des malfaiteurs, Parce qu'il a porté les péchés de beaucoup d'hommes, Et qu'il a intercédé pour les coupables.* (Esaïe 53 :12)

Tout comme le prophète Esaïe l'a relaté dans la Passion et la Crucifixion du Messie, Jésus est mort à la croix pour les péchés de tout le peuple mais a été compté au nombre des malfaiteurs. Même lorsqu'il mourait à la croix, Il a demandé à Dieu de pardonner à tous ceux qui l'avaient crucifié.

> *Père, pardonne-leur, car ils ne savent ce qu'ils font.* (Luc 23 :34)

Lorsqu'il est mort à la croix, la prophétie du Psalmiste, « *Il garde tous ses os, Aucun d'eux n'est brisé.* » (Psaume 34 :21) a été accomplie. Nous pouvons trouver son accomplissement dans Jean 19 :32-33, « *Les soldats vinrent donc, et ils rompirent les jambes au premier, puis à l'autre qui avait été crucifié avec lui. S'étant approchés de Jésus, et le voyant déjà mort, ils ne lui rompirent pas les jambes.* »

Jésus Accomplit son Ministère de Devenir le Messie

Jésus a porté les péchés de l'humanité sur Sa croix et est mort pour elle en tant qu'offrande pour les péchés, mais l'accomplissement de la providence du salut n'était pas au moyen de la mort de Jésus.

Comme il est prophétisé dans Psaume 16 :10, « *Car tu ne livreras pas mon âme au séjour des morts, Tu ne permettras pas que ton bien-aimé voie la corruption.* » Et dans Psaume 118 :17, « *Je ne mourrai pas, je vivrai, Et je raconterai les œuvres de l'Éternel.* » Le corps de Jésus n'a pas connu la corruption et il est ressuscité le troisième jour.

Comme il est prophétisé plus loin dans Psaume 68 :19, « *Tu es monté dans les hauteurs, tu as emmené des captifs, Tu as pris en don des hommes; Les rebelles habiteront aussi près de l'Éternel Dieu.* » Jésus est monté aux cieux et a attendu les derniers jours où il achèvera la culture de l'humanité et conduira Son peuple dans les cieux.

On peut facilement constater que tout ce que Dieu avait

prophétisé sur le Messie au travers de Ses prophètes a été entièrement accompli par Jésus Christ.

La mort de Jésus et les prophéties sur Israël

L'élue de Dieu, Israël a échoué de reconnaître Jésus comme étant le Messie. Dieu n'a cependant pas abandonné le peuple qu'Il avait choisi et Il accomplit aujourd'hui Sa providence pour le salut d'Israël.

Même au travers de la crucifixion de Jésus, Dieu a prophétisé le futur d'Israël, et c'est à cause de son amour sincère pour eux et leur désir de croire dans le Messie que Dieu a envoyé pour atteindre le salut.

Ponce Pilate était le gouverneur général romain de Judée qui a pris la décision de condamner Jésus à la crucifixion. Quand il a formellement interrogé Jésus, il n'a trouvé aucune culpabilité en lui méritant la peine de mort. Mais, après cela il était inquiet qu'à cause de Jésus une insurrection du peuple commencerait dans la région qui était sous son contrôle. Il a condamné Jésus à la mort sur la croix pour étouffer cela.

Jésus a été emporté d'un endroit à l'autre et a été humilié et méprisé. Puis, il a été remis aux soldats romains sans un procès approprié. Ils l'ont dépouillé et l'ont revêtu d'une robe écarlate. Et ils ont mis une couronne d'épines sur sa tête, et ont craché sur son visage, et ont pris un roseau et ont commencé à le battre sur la tête. Après qu'ils se soient moqués de lui , ils l'ont emmené au lieu d'exécution de Golgotha pour le crucifier.

L'exécution par crucifixion était l'une des manières les plus cruelles d'infliger la punition, et était la sentence réservée à ceux qui ont commis des péchés graves tels que le meurtre et la rébellion.

Quand les criminels étaient cloués au niveau de leurs mains et pieds, la douleur était atroce et la douleur ne se terminait pas en peu de temps. Ils ont dû être pendus sur la croix jusqu'à ce qu'ils aient versé tout le sang et aient expirés. Il est dit que certains de ceux qui ont été crucifiés ont survécu autant que quelques jours après avoir été cloués à la croix et ont dû souffrir la douleur grave pendant longtemps.

Pendant la crucifixion les douleurs augmentaient parce que tout le poids descendait sur les pieds et mains qui ont été cloués. Ils ont continuellement versé le sang sous le soleil ardent, et ont dû souffrir de la soif insupportable.

Par conséquent la croix était à ce moment-là le symbole de la crainte, de la honte, de l'avilissement, et de la misère. Jésus a été dépouillé de sa tunique aussi bien que ses vêtements, et a été pendu sur la croix, de sorte qu'il ait dû souffrir de la honte vraiment insupportable.

Les Vêtements de Jésus et Sa Tunique et le Futur d'Israël

Un autre incident qui a prédit les choses qui allaient se dérouler pour Israël a eu lieu sur le lieu de la crucifixion de Jésus. Comme nous le lisons dans Psaume 22 :19, « *Ils se partagent mes vêtements, Ils tirent au sort ma tunique,* » les soldats romains ont pris les vêtements de Jésus et en ont fait quatre parts, une part pour chaque soldat, tandis qu'ils ont tiré au sort Sa tunique et l'un des soldats l'a prise.

Comment cet événement a-t-il une incidence sur l'histoire d'Israël ? Comme Jésus est le Roi des juifs, les vêtements de Jésus symbolisent l'élue de Dieu, l'état d'Israël et son peuple. Lorsque les vêtements de Jésus ont été partagés, en quatre parts, et que l'aspect des vêtements a disparu, cela prédisait la destruction de l'état d'Israël. Cependant, parce que le tissu des vêtements est resté, l'évènement a aussi prédit que malgré que l'état d'Israël pouvait disparaître, le nom « Israël » demeurerait.

Quelle est la signification du fait que les soldats romains ont pris les vêtements et en ont fait quatre parts, une part pour chaque soldat ? Cela signifie que le peuple d'Israël serait détruit par Rome et serait dispersé. Cette prophétie a aussi été accomplie lors de la chute de Jérusalem et de la destruction de l'état d'Israël, qui a forcé les juifs à se disperser dans les différentes parties du monde.

Au sujet de la tunique de Jésus, Jean 19 :23 dit, « *Ils prirent aussi sa tunique, qui était sans couture, d'un seul tissu depuis le haut jusqu'en bas.* » Le fait que cette tunique était « sans couture » signifie que ce ne sont pas des couches multiples de tissus qui ont été cousus ensemble pour former cette pièce d'habit.

La plupart des gens ne se soucient pas de la manière dont leurs vêtements ont été tissés. Pourquoi alors, la Bible relate-t-elle dans le détail la structure de la tunique de Jésus ? Dans ceci, il y a une prophétie à propos d'événements qui devaient se dérouler pour le peuple d'Israël.

La tunique de Jésus symbolise le cœur du peuple d'Israël, le cœur avec lequel ils servent Dieu. Le fait que la tunique était « sans couture, d'un seul tissu depuis le haut jusqu'en bas » représente le cœur d'Israël qui est demeuré intact depuis leur ancêtre Jacob et ne change en aucune circonstance.

Au travers des Douze Tribus, qui ont suivi les temps d'Abraham, Isaac et Jacob, ils ont formé une nation et le peuple d'Israël s'est attaché à sa pureté en tant que nation sans se mélanger avec les Gentils. Après la scission entre le Royaume d'Israël du nord et le Royaume de Juda du sud, les gens du royaume du nord se sont mélangés, mais Juda est demeuré une nation homogène. Même aujourd'hui, les juifs conservent leur identité qui remonte aux précurseurs de la foi.

C'est pourquoi, malgré que les vêtements de Jésus aient été partagés en quatre parts, Sa tunique est demeurée intacte. Cela signifie que tandis que l'apparence de l'état d'Israël puisse disparaître, le cœur du peuple d'Israël envers son Dieu et leur foi en Lui ne peut pas être éteinte.

Parce qu'ils possèdent ce cœur qui ne change pas, Dieu les a choisis comme Ses élus et au travers d'eux, Il accomplit Son plan et Sa volonté jusqu'aujourd'hui. Même après le passage du millénaire, le peuple d'Israël adhère strictement à la Loi. C'est parce qu'ils ont hérité du cœur de Jacob qui ne change pas.

La conséquence fut qu'après approximativement 1.900 ans après avoir perdu leur pays, le peuple d'Israël a choqué le monde en proclamant son indépendance et la restauration de son état le 14 mai 1948.

> *Je vous retirerai d'entre les nations, je vous rassemblerai de tous les pays, et je vous ramènerai dans votre pays.* (Ezéchiel 36 :24)

> *Vous habiterez le pays que j'ai donné à vos pères; vous serez mon peuple, et je serai votre Dieu.* (Ezéchiel 36 :28)

Comme cela avait déjà été prophétisé dans l'Ancien Testament, « *Après bien des jours, tu seras à leur tête; Dans la suite des années,* » le peuple d'Israël commença à se réunir en Palestine et ils ont à nouveau établi un état (Ezéchiel 38 :8). De plus, en se développant en tant que l'un des pays les plus puissants, Israël a une fois de plus affirmé au reste du monde son caractère supérieur en tant que nation.

Dieu souhaite qu'Israël se prépare pour le retour de Jésus

Dieu souhaite que l'Israël récemment restauré puisse anticiper et se préparer pour le retour du Messie. Jésus est venu dans le pays d'Israël il y a environ 2.000 ans, Il a complètement accompli la providence pour le salut de l'humanité et est devenu pour eux le Sauveur et le Messie. Lorsqu'Il est monté dans les cieux, il a promis de revenir et maintenant, Dieu veut que Son élu attende le retour du Messie avec une foi véritable.

Lorsque le Messie Jésus Christ reviendra, il ne viendra plus dans une étable délabrée et ne devra plus subir le châtiment de la croix de la manière dont Il l'a fait il y a deux millénaires. Au contraire, il viendra au commandement des armées célestes et des anges et il reviendra dans ce monde en tant que Roi des rois et Seigneur des seigneurs dans la gloire de Dieu afin que le monde entier le voie.

> *Voici, il vient avec les nuées. Et tout œil le verra, même ceux qui l'ont percé; et toutes les tribus de la terre se lamenteront à cause de lui. Oui. Amen !* (Apocalypse 1 :7)

Lorsque le temps prévu arrivera, tous les gens, croyants et incroyants ensemble verront le Seigneur revenir dans les nuées. Ce jour là, tous ceux qui auront cru en Jésus en tant que Sauveur seront enlevés dans les nuées et participeront au Banquet des Noces dans les airs, mais les autres seront laissés en arrière pour se lamenter.

Tout comme Dieu a créé le premier homme Adam et a commencé la culture de l'humanité, il y aura certainement une fin à cela. Tout comme un fermier sème des semences et récolte sa moisson, il y aura aussi un temps de moisson pour la culture de l'humanité. La culture de l'humanité par Dieu se terminera avec la Seconde Venue du Messie Jésus Christ.

Jésus nous dit dans Apocalypse 22 :7, « *Et voici, je viens bientôt. -Heureux celui qui garde les paroles de la prophétie de ce livre!* » Notre temps est le temps de la fin. Dans Son amour incommensurable pour Israël, Dieu continue à illuminer Son peuple au long de leur histoire, de sorte qu'ils acceptent le Messie. Dieu ne souhaite pas seulement que son élue Israël, mais aussi que toute l'humanité reçoive Jésus Christ avant la fin de la culture humaine.

La Bible Hébraïque connue par les Chrétiens en tant que l'Ancien Testament

Chapitre 3

LE DIEU AUQUEL ISRAËL CROIT

La Loi et la Tradition

Pendant que Dieu conduisait son peuple élu, Israël hors d'Egypte vers la terre promise de Canaan, Il est descendu sur le sommet du Mont Sinaï. Alors l'Eternel Dieu a appelé à lui Moïse, le leader de l'Exode et Il lui a dit que les sacrificateurs devraient se consacrer lorsqu'ils s'approchent de Dieu. De plus, Dieu a donné au peuple les Dix Commandements et de nombreuses autres lois au travers de Moïse.

Lorsque Moïse eut relaté toutes les paroles de Jéhovah-Dieu, et les ordonnances au peuple, ils répondirent d'une même voix et dirent, « *Nous ferons tout ce que l'Éternel a dit* » (Exode 24 :3). Mais pendant que Moïse était sur le Mont Sinaï, conformément à l'appel de Dieu, le peuple a incité Aaron à leur fabriquer une statue de veau et ils ont commis le grand péché d'adorer une idole.

Comment pouvaient-ils être le peuple choisi par Dieu et commettre un tel grand péché ? Tous les hommes depuis Adam, qui avait commis le péché de désobéissance, sont des descendants d'Adam et ils sont tous nés avec une nature pécheresse. Ils sont attachés au péché avant qu'ils ne deviennent sanctifiés au moyen de la circoncision du cœur. C'est pourquoi Dieu a envoyé Son Fils unique

Jésus, et au travers de la crucifixion de Jésus, Il a ouvert la porte au travers de laquelle l'humanité peut voir ses péchés pardonnés.

Pourquoi Dieu A-t-il alors donné la Loi au peuple ? Les Dix Commandements que Dieu leur a donnés au travers de Moïse, les ordonnances et les décrets sont connus en tant que la loi.

Au travers de la Loi, Dieu les conduit dans le pays où coulent le lait et le miel

La raison et le but pour lesquels Dieu a donné au peuple d'Israël la loi pendant l'Exode d'Egypte sont afin qu'ils puissent jouir de la bénédiction d'entrer dans le pays de Canaan, le pays où coulent le lait et le miel. Le peuple a reçu la loi directement de Moïse, mais il n'a pas conservé les alliances de Dieu et ils ont commis de nombreux péchés y compris l'adoration des idoles et l'adultère. Finalement, la plupart d'entre eux sont morts dans leurs péchés pendant les 40 ans de vie dans le désert.

Le livre de Deutéronome a été relaté selon, les dernières paroles de Moïse et baigne dans les alliances de Dieu et les lois. Lorsque la majorité de la génération de l'Exode, sauf Josué et Caleb sont morts et que le temps était venu pour lui de quitter le peuple d'Israël est arrivé, Moïse a pressé avec instance la deuxième et la troisième génération de l'Exode à aimer Dieu et à obéir à Ses commandements.

Maintenant, Israël, que demande de toi l'Éternel, ton

Dieu, si ce n'est que tu craignes l'Éternel, ton Dieu, afin de marcher dans toutes ses voies, d'aimer et de servir l'Éternel, ton Dieu, de tout ton cœur et de toute ton âme; si ce n'est que tu observes les commandements de l'Éternel et ses lois que je te prescris aujourd'hui, afin que tu sois heureux? (Deutéronome 10 :12-13)

Dieu leur a donné la loi parce qu'Il voulait qu'ils obéissent de leur plein gré du fond de leur cœur et qu'ils confirment leur amour pour Dieu au travers de leur obéissance. Dieu ne leur a pas donné la loi pour les limiter ou les lier, mais Il voulait accepter leurs cœurs d'obéissance et leur donner les bénédictions.

Et ces commandements, que je te donne aujourd'hui, seront dans ton cœur. Tu les inculqueras à tes enfants, et tu en parleras quand tu seras dans ta maison, quand tu iras en voyage, quand tu te coucheras et quand tu te lèveras. Tu les lieras comme un signe sur tes mains, et ils seront comme des fronteaux entre tes yeux. Tu les écriras sur les poteaux de ta maison et sur tes portes. (Deutéronome 6 :6-9)

Au travers de ces versets, Dieu leur a dit comment garder la loi dans leurs cœurs, l'enseigner et la pratiquer. Au travers du temps, les commandements et les ordonnances de Dieu telles qu'elles sont relatées dans les Cinq Livres de Moïse sont encore mémorisés et gardés, mais la focalisation sur l'observation de la loi est exprimée ouvertement.

La loi et la tradition des Anciens

Par exemple, la loi ordonnait que le Sabbat soit conservé saint, et les anciens ont réglementé beaucoup de traditions détaillées qui pourraient amener à observer les commandements, telles que les empêcher d'utiliser des portes automatiques, les ascenseurs et les escalators et d'autres du même genre. Comment ces traditions des anciens ont-elles vu le jour ?

Lorsque le temple de Dieu a été détruit et que le peuple d'Israël a été amené en captivité à Babylone, ils ont cru que c'était parce qu'ils avaient échoué en servant Dieu de manière correcte et pour appliquer la loi aux circonstances qui changeraient avec le temps qui s'écoule, c'est pourquoi ils ont établi des règles strictes.

Ces règles ont été établies avec la volonté de servir Dieu de tout leur cœur. En d'autres termes, ils ont établi des règles très strictes qui détaillaient tous les aspects de la vie de sorte qu'ils pourraient garder la loi dans leur vie de tous les jours.

Parfois, les règles strictes jouaient le rôle de protecteur de la loi. Mais tandis que le temps passait ils ont perdu la véritable signification cachée dans la loi et ont attaché une plus grande importance à l'expression extérieure de l'observance de la loi. De cette manière, ils en sont arrivés à dévier de la vraie signification de la loi.

Dieu voit et accepte le cœur de chacun en gardant la loi

plutôt qu'en plaçant l'importance sur l'expression extérieure de l'observance de la loi dans les actes. Ainsi, il a établi la loi de manière à chercher ceux qui l'honorent véritablement et pour donner des bénédictions à ceux qui Lui obéissent. Malgré que de nombreuses personnes du temps de l'Ancien Testament semblaient garder la loi, il y en avait en même temps beaucoup qui la violaient.

Lequel de vous fermera les portes, Pour que vous n'allumiez pas en vain le feu sur mon autel? Je ne prends aucun plaisir en vous, dit l'Éternel des armées, Et les offrandes de votre main ne me sont point agréables. (Malachie 1 :10)

Lorsque les enseignants de la loi et les anciens calomniaient Jésus et condamnaient Ses disciples, ce n'est pas parce que Jésus et Ses disciples désobéissaient à la loi, mais parce qu'ils violaient les traditions des anciens. Cela est bien décrit dans l'évangile de Matthieu.

Pourquoi tes disciples transgressent-ils la tradition des anciens? Car ils ne se lavent pas les mains, quand ils prennent leurs repas. (Matthieu 15 :2)

A ce moment, Jésus les a éclairé au fait que ce n'étaient pas les commandements de Dieu qui avaient été violés, mais qu'au contraire, c'étaient les traditions des anciens qui avaient été violées. Bien sûr, il est important d'observer la loi extérieurement dans nos actes, mais il est beaucoup plus important de réaliser la véritable volonté de Dieu qui est enfermée dans la loi.

Et Jésus leur répondit et leur dit,

Et vous, pourquoi transgressez-vous le commandement de Dieu au profit de votre tradition? Car Dieu a dit: Honore ton père et ta mère; et: Celui qui maudira son père ou sa mère sera puni de mort. Mais vous, vous dites: Celui qui dira à son père ou à sa mère: Ce dont j'aurais pu t'assister est une offrande à Dieu, n'est pas tenu d'honorer son père ou sa mère. Vous annulez ainsi la parole de Dieu au profit de votre tradition. (Matthieu 15 :3-6)

Dans les versets suivant, Jésus dit aussi:

Hypocrites, Ésaïe a bien prophétisé sur vous, quand il a dit: Ce peuple m'honore des lèvres, Mais son cœur est éloigné de moi. C'est en vain qu'ils m'honorent, en enseignant des préceptes qui sont des commandements d'hommes. (Matthieu 15 :7-9)

Et Jésus attira à Lui la foule et Il leur dit,

Écoutez, et comprenez. Ce n'est pas ce qui entre dans la bouche qui souille l'homme; mais ce qui sort de la bouche, c'est ce qui souille l'homme. (Matthieu 15 :10-11)

Les enfants de Dieu doivent honorer leurs parents comme c'est écrit dans les Dix Commandements. Mais les Pharisiens ont dit au peuple que les enfants qui doivent servir et honorer leurs parents avec leurs biens peuvent être exemptés de ce devoir s'ils proclament que leurs biens seront offerts à Dieu. Ils ont fait tellement de règles détaillant chaque aspect de la vie dans les plus menus détails de sorte que les Gentils n'osaient même pas essayer de garder strictement toutes ces traditions des anciens, ils croyaient qu'ils agissaient bien en tant qu'élus de Dieu.

Le Dieu auquel Israël croit

Lorsque Jésus a guéri les malades le jour du Sabbat, les Pharisiens ont condamné Jésus pour avoir violé le Sabbat. Un jour, Jésus est entré dans une synagogue et Il a regardé un homme qui se tenait devant les Pharisiens avec une main sèche. Jésus a essayé de les réveiller et les a questionnés, en disant ce qui suit :

> *Est-il permis, le jour du sabbat, de faire du bien ou de faire du mal, de sauver une personne ou de la tuer?* (Marc 3 :4)

> *Lequel d'entre vous, s'il n'a qu'une brebis et qu'elle tombe dans une fosse le jour du sabbat, ne la saisira pour l'en retirer? Combien un homme ne vaut-il pas plus qu'une brebis! Il est donc permis de faire du bien les jours de sabbat.* (Matthieu 12 :11-12)

Parce que les Pharisiens avaient précédemment été remplis des cadres de la loi formés par les traditions des anciens et leurs coutumes et manières égocentriques de vivre, ils n'ont pas seulement échoué à réaliser la véritable volonté de Dieu enfouie dans la loi, mais ils ont aussi échoué à reconnaître Jésus, qui était venu sur cette terre en tant que Sauveur.

Jésus leur a souvent montré et pressé de se repentir et de se détourner de leurs erreurs. Il leur fait des reproches parce qu'ils avaient négligé le véritable but de Dieu en faisant la loi qu'il leur avait donnée, mais qu'ils l'avaient changée et s'attachaient à des actes extérieurs d'observance de la loi.

Malheur à vous, scribes et pharisiens hypocrites! Parce que vous payez la dîme de la menthe, de l'aneth et du cumin, et que vous laissez ce qui est plus important dans la loi, la justice, la miséricorde et la fidélité: c'est là ce qu'il fallait pratiquer, sans négliger les autres choses. (Matthieu 23 :23)

Malheur à vous, scribes et pharisiens hypocrites! Parce que vous nettoyez le dehors de la coupe et du plat, et qu'au dedans ils sont pleins de rapine et d'intempérance. (Matthieu 23 :25)

Le peuple d'Israël qui était sous le contrôle de l'Empire Romain se figurait dans leurs pensées que le Messie viendrait pour eux avec une grande puissance et honneur et que le Messie serait capable de les délivrer des mains des oppresseurs et gouverner toutes les races et nations.

Pendant ce temps, un homme était né d'un charpentier, il a tenu compagnie aux abandonnés, aux malades et aux pécheurs ; Il appelait Dieu « Père », et il a témoigné de ce qu'Il *est la Lumière du Monde.* Lorsqu'il leur a fait des reproches pour leurs péchés, ceux qui avaient gardé la loi selon leurs propres standards et s'étaient eux-mêmes déclarés justes, étaient percés dans leurs cœurs et indécis dans leurs paroles et ils l'ont crucifié sans raison.

Dieu veut que nous ayons l'Amour et le Pardon

Les Pharisiens ont strictement observé les règles du Judaïsme et comptaient de nombreuses années de coutumes et de traditions qu'ils estimaient valables dans leurs vies. Ils traitaient les collecteurs d'impôts qui travaillaient pour l'Empire Romain comme des pécheurs et ils les évitaient.

Commençant dans Matthieu 9 :10, il est dit que Jésus se trouvait à la table de la maison d'un collecteur d'impôts appelé Matthieu et de nombreux collecteurs d'impôts et de pécheurs dînaient avec Jésus et Ses disciples. Lorsque les Pharisiens ont vu cela, ils ont dit à Ses disciples, « Pourquoi votre maître mange-t-Il avec des collecteurs d'impôts et des pécheurs ? » Lorsque Jésus a entendu qu'ils condamnaient Ses disciples, Il leur a expliqué le cœur de Dieu. Dieu donne Son amour qui n'échoue jamais et Sa miséricorde à quiconque se repent de ses péchés de tout son cœur et s'en détourne.

Matthieu 9 :12-13 continue, « *Ce ne sont pas ceux qui se portent bien qui ont besoin de médecin, mais les malades. Allez, et apprenez ce que signifie: Je prends plaisir à la miséricorde, et non aux sacrifices. Car je ne suis pas venu appeler des justes, mais des pécheurs.* »

Lorsque la méchanceté du peuple de Ninive est arrivée aux cieux, Dieu était sur le point de détruire la ville de Ninive. Mais avant de faire cela, Dieu a envoyé Son prophète Jonas pour qu'ils se repentent de leurs péchés. Le peuple a jeûné et s'est profondément repenti de ses péchés et Dieu a abandonné Sa décision de les détruire. Cependant, c'étaient les Pharisiens qui croyaient que pour quiconque viole la loi, il n'y a pas d'autre choix que d'être jugé. La partie la plus importante de la loi est l'amour infaillible et le pardon, mais les Pharisiens croyaient que de juger quelqu'un est plus juste et valable que de lui pardonner avec amour.

De la même manière, lorsque nous ne comprenons pas le cœur de Dieu qui nous a donné la loi, nous sommes forcés de tout juger selon nos propres pensées et théories et ces jugements seront trouvés faux et opposés à Dieu.

Le vrai But de Dieu en Donnant la Loi

Dieu a créé les cieux et la terre et tout ce qu'ils contiennent et Il a formé l'homme avec le but de gagner de véritables enfants qui ressemblaient à Son cœur. Avec cette motivation, Dieu a dit à Son peuple « *Soyez saints, car Moi Je suis saint* » (Lévitique 11 :44). Il nous considère comme le craignant lorsque nous ne sommes pas divins uniquement en apparence, mais que nous devenons sans blâme en chassant le mal de notre cœur.

Au temps de Jésus, les Pharisiens et les scribes avaient beaucoup plus d'intérêt dans les offrandes et dans les actes d'observance de la loi que dans la sanctification des cœurs. Dieu se réjouit dans un cœur meurtri et brisé plutôt que dans un sacrifice (Psaume 51 :16-17), c'est pourquoi Il nous a donné la loi pour nous permettre de nous repentir de nos péchés et de nous en détourner au moyen de la loi.

La Véritable Volonté de Dieu Enfouie dans la Loi de l'Ancien Testament

Il ne s'en suit pas que les œuvres du peuple d'Israël d'observer la loi ne renfermait pas du tout leur amour pour Dieu. Mais la chose essentielle que Dieu voulait qu'ils fassent est la sanctification de leurs cœurs et Il les a sérieusement réprimandés au travers du Prophète Esaïe.

> *Qu'ai-je affaire de la multitude de vos sacrifices? dit l'Éternel. Je suis rassasié des holocaustes de béliers et de la graisse des veaux; Je ne prends point plaisir au sang des taureaux, des brebis et des boucs. Quand vous venez vous présenter devant moi, Qui vous demande de souiller mes parvis? Cessez d'apporter de vaines offrandes: J'ai en horreur l'encens, Les nouvelles lunes, les sabbats et les assemblées; Je ne puis voir le crime s'associer aux solennités.* (Esaïe 1 :11-13)

La véritable signification de l'observance de la loi ne consiste pas en une action extérieure mais dans la volonté du fond du cœur. Dieu ne se réjouissait donc pas dans la multiplication des sacrifices qui n'étaient offerts qu'avec des actes habituels et superficiels d'entrer dans les lieux saints. Peu importe le nombre des sacrifices qu'ils offraient selon la loi, Dieu ne se réjouissait pas d'eux parce que leurs cœurs n'étaient pas en accord avec la volonté de Dieu.

C'est pareil pour nos prières. Dans nos prières, l'acte de prier seul n'est pas important, mais l'attitude de nos cœurs dans nos prières est beaucoup plus important. Un Psalmiste dit dans le Psaume 66 :18, « *Si j'avais conçu l'iniquité dans mon cœur, Le Seigneur ne m'aurait pas exaucé.* »

Dieu fait connaître au peuple au travers de Jésus qu'il ne se réjouit pas dans les prières qui sont hypocrites ou frimeuses, mais uniquement dans les prières sincères qui viennent du cœur.

> *Lorsque vous priez, ne soyez pas comme les hypocrites, qui aiment à prier debout dans les synagogues et aux coins des rues, pour être vus des hommes. Je vous le dis en vérité, ils reçoivent leur récompense. Mais quand tu pries, entre dans ta chambre, ferme ta porte, et prie ton Père qui est là dans le lieu secret; et ton Père, qui voit dans le secret, te le rendra.* (Matthieu 6 :5-6)

La même chose se produit lorsque nous nous repentons de nos péchés. Lorsque nous nous repentons de nos péchés, Dieu veut pas que nous déchirions nos vêtements et nous lamentons dans la cendre, mais de soumettre nos cœurs et de nous repentir de nos péchés du fond de nos cœurs. L'acte de repentance en lui-même n'est pas important, et lorsque nous nous repentons de nos péchés de tout notre cœur et nous en détournons, Dieu accepte cette repentance.

> *Maintenant encore, dit l'Éternel, Revenez à moi de tout votre cœur, Avec des jeûnes, avec des pleurs et des lamentations! Déchirez vos cœurs et non vos vêtements, Et revenez à l'Éternel, votre Dieu; Car il est compatissant et miséricordieux, Lent à la colère et riche en bonté, Et il se repent des maux qu'il envoie.* (Joël 2 :12-13)

En d'autres termes, Dieu veut accepter le cœur des pratiquants de la loi plutôt que l'acte de pratiquer la loi en soi. Cela est décrit dans la « circoncision du cœur » dans la Bible. Nous pouvons circoncire nos corps en coupant la chair du prépuce, tandis que nous pouvons être circoncis dans la chair du cœur en coupant nos cœurs.

La Circoncision du Cœur que Dieu veut

À quoi se réfère la circoncision du cœur en détail ? Elle se réfère à « couper et rejeter toutes espèces de méchancetés et de péchés comprenant la jalousie, l'envie, la colère, les ressentiments, l'adultère, la fausseté, la tromperie, le jugement et la condamnation de nos cœurs. » Lorsque vous enlevez les péchés et le mal du cœur et observez la loi, Dieu l'accepte comme une parfaite obéissance.

Vous circoncirez donc votre cœur, et vous ne roidirez plus votre cou. (Deutéronome 10 :16)

L'Égypte, Juda, Édom, les enfants d'Ammon, Moab, Tous ceux qui se rasent les coins de la barbe, Ceux qui habitent dans le désert; Car toutes les nations sont incirconcises, Et toute la maison d'Israël a le cœur incirconcis. (Jérémie 9 :26)

L'Éternel, ton Dieu, circoncira ton cœur et le cœur de ta postérité, et tu aimeras l'Éternel, ton Dieu, de tout ton cœur et de toute ton âme, afin que tu vives. (Deutéronome 30 :6)

Ainsi, l'Ancien Testament nous presse souvent de circoncire nos cœurs, parce que seuls ceux qui sont circoncis dans leurs cœurs peuvent aimer Dieu de tout leur cœur et de toute leur âme.

Dieu veut que Ses enfants soient saints et parfaits. Dans Genèse 17 :1, Dieu demande à Abraham d'être « intègre », et dans Lévitique 19 :2, Il ordonne au peuple d'Israël « d'être saint. »

Jean 10 :35 dit, « *Si elle a appelé dieux ceux à qui la parole de Dieu a été adressée, et si l'Écriture ne peut être anéantie,* » et 2 Pierre 1 :4 dit, « *Lesquelles nous assurent de sa part les plus grandes et les plus précieuses promesses, afin que par elles vous deveniez participants de la nature divine, en fuyant la corruption qui existe dans le monde par la convoitise.* »

Dans les temps de l'Ancien Testament, ils étaient sauvés au travers des œuvres et de l'observance de la loi, tandis qu'au temps du Nouveau Testament, nous pouvons être sauvés par la foi en Jésus Christ qui a accompli la loi avec amour.

Le salut au travers des œuvres au temps de l'Ancien Testament était possible lorsqu'ils avaient des désirs pécheurs d'assassiner, de haïr, de commettre l'adultère, et de mentir mais qu'ils ne les commettaient pas en actes. Dans le temps de l'Ancien Testament, le Saint Esprit ne demeurait pas en eux et ils ne pouvaient pas chasser les désirs pécheurs avec leur propre force. C'est pourquoi lorsqu'ils ne commettaient pas des péchés extérieurement en actes, ils n'étaient pas considérés comme pécheurs.

Cependant, dans les temps du Nouveau Testament, nous pouvons atteindre le salut uniquement lorsque nous circoncisons nos cœurs par la foi. Le Saint Esprit nous fait connaître le péché, la justice et le jugement et nous aide à vivre selon la parole de Dieu, de sorte que nous puissions chasser les contrevérités et les natures pécheresses et circoncire nos cœurs.

Le salut par la foi en Jésus Christ n'est pas uniquement donné lorsque quelqu'un connait et croit que Jésus Christ est le Sauveur. Ce n'est que lorsque nous rejetons le mal du cœur parce que nous aimons Dieu et marchons dans la vérité par la foi que Dieu le considèrera comme étant la foi véritable et il nous conduira non seulement vers le parfait salut, mais aussi sur le chemin d'étonnantes réponses et bénédictions.

Comment Plaire à Dieu

Il est naturel qu'un enfant de Dieu ne pèche pas en actes. C'est aussi normal pour lui de chasser les contrevérités et les désirs pécheurs de son cœur et de ressembler à la sainteté de Dieu. Si vous ne commettez pas de péchés en actes mais portez en vous les désirs pécheurs que Dieu ne veut pas, vous ne pouvez pas être considérés comme justes par Dieu.

C'est pourquoi il est écrit dans Matthieu 5 :27-28, « *Vous avez appris qu'il a été dit: Tu ne commettras point d'adultère. Mais moi, je vous dis que quiconque regarde une femme pour la convoiter a déjà commis un adultère avec elle dans son cœur.* »

Et il est dit dans 1 Jean 3 :15, « *Quiconque hait son frère est un meurtrier, et vous savez qu'aucun meurtrier n'a la vie éternelle demeurant en lui.* » Ce verset nous presse à nous débarrasser de la haine dans notre cœur.

Comment devons-nous agir envers nos ennemis qui nous haïssent en accord avec la volonté de Dieu ?

La loi de l'Ancien Testament nous dit, « œil pour œil et dent pour dent. » En d'autres termes, la loi dit, « *Tel qu'il a blessé un homme, tel il lui sera infligé.* » C'était pour éviter quelqu'un de faire du mal ou de blesser les autres au moyen de règles strictes. C'est parce que Dieu sait que l'humanité essaie de rendre aux autres plus que ce qu'ils leur ont infligé dans leur méchanceté.

On a dit du roi David qu'il était un homme selon le cœur de Dieu. Lorsque le roi Saül essayait de le tuer, David n'a rendu aucun des actes méchants du roi Saul mais il l'a traité avec bonté jusqu'à la fin. David a vu la vraie signification enfouie dans la loi et n'a vécu que selon la parole de Dieu.

Tu ne te vengeras point, et tu ne garderas point de rancune contre les enfants de ton peuple. Tu aimeras ton prochain comme toi-même. Je suis l'Éternel. (Lévitique 19 :18)

Ne te réjouis pas de la chute de ton ennemi, Et que ton cœur ne soit pas dans l'allégresse quand il chancelle. (Proverbes 24 :17)

Si ton ennemi a faim, donne-lui du pain à manger; S'il a soif, donne-lui de l'eau à boire. (Proverbes 25 :21)

Vous avez appris qu'il a été dit: Tu aimeras ton prochain, et tu haïras ton ennemi. Mais moi, je vous dis: Aimez vos ennemis, bénissez ceux qui vous maudissent, faites du bien à ceux qui vous haïssent, et priez pour ceux qui vous maltraitent et qui vous persécutent. (Matthieu 5 :43-44)

Selon les versets ci-dessus, si vous semblez observer la loi mais que vous ne pardonnez pas à une personne qui vous a causé des problèmes, Dieu ne se réjouit pas de vous. C'est parce que Dieu nous a dit d'aimer nos ennemis. Lorsque vous observez la loi et lorsque vous le faites avec le cœur que Dieu veut que vous possédiez, vous pouvez être considérés obéir complètement à la parole de Dieu.

La loi, un Signe de l'Amour de Dieu

Le Dieu d'amour veut nous donner des bénédictions sans fin, mais parce qu'Il est le Dieu de justice, Il n'a pas d'autre choix que de nous remettre au diable lorsque nous commettons des péchés. C'est pourquoi certains croyants en Dieu souffrent de maladies et rencontrent des accidents et des désastres lorsqu'ils ne vivent pas selon la parole de Dieu.

Dieu nous a donné de nombreux commandements de Dieu dans Son amour pour nous protéger de nos épreuves et de nos douleurs. Combien d'instructions les parents donnent-ils à leurs enfants pour les protéger de leurs maladies et accidents ?

« Lave-toi les mains quand tu rentres à la maison. »

« Lave-toi les dents après avoir mangé. »

« Regarde autour de toi avant de traverser la rue. »

De la même manière, Dieu nous a demandé d'observer Ses commandements et statuts pour notre bien dans Son amour (Deutéronome 10 :13). Garder et pratiquer la parole de Dieu est comme une lampe sur notre chemin de la vie. Peu importe les ténèbres, nous pouvons en toute sécurité suivre le chemin vers notre destination avec une lampe et de la même manière, lorsque Dieu qui est lumière est avec nous, nous pouvons être protégés et jouir du privilège et de la bénédiction des enfants de Dieu.

Combien Dieu est-il satisfait lorsqu'Il protège Ses enfants qui obéissent à Sa parole avec Ses yeux enflammés et Il leur donne tout ce qu'ils demandent ! Par conséquent, ces enfants peuvent changer leurs cœurs en cœurs purs et bons qui ressemblent à Dieu dans la mesure où ils gardent et obéissent à la parole de Dieu, et ressentent les profondeurs de l'amour de Dieu et ils peuvent l'aimer même plus.

C'est pourquoi, la loi que Dieu nous a donnée est comme le texte d'amour qui présente les lignes de conduite vers les meilleures bénédictions pour nous qui sommes sous la culture de Dieu sur la terre. La loi de Dieu ne nous apporte pas de fardeaux mais nous protège de toutes sortes de désastres dans ce monde sur lequel règnent l'ennemi diable et Satan et elle nous conduit sur le chemin de la bénédiction.

Jésus a accompli la Loi avec Amour

Dans Deutéronome 19 :19-21, nous pouvons trouver qu'aux temps de l'Ancien Testament lorsque le peuple commettait des péchés avec leurs yeux, leurs yeux devaient être arrachés. Lorsqu'ils péchaient avec leurs mains ou leurs pieds, alors leurs mains ou pieds devaient être coupés. Lorsqu'ils tuaient ou commettaient l'adultère, ils étaient lapidés à mort.

La loi du monde spirituel nous dit que le résultat de nos péchés est la mort. C'est pourquoi Dieu punissait sérieusement ceux qui commettaient des péchés impardonnables, et Il voulait prévenir de nombreuses autres personnes de ne pas commettre les mêmes péchés.

Mais le Dieu d'amour n'était pas entièrement satisfait avec la foi par laquelle ils s'attachaient à la loi et disait, « Œil pour œil et dent pour dent. » Au contraire, il insistait encore et encore dans l'Ancien Testament sur le fait qu'ils devaient circoncire leurs cœurs. Il ne voulait pas que Son peuple ressente des douleurs à cause de la loi, c'est pourquoi lorsque le temps fut venu, il a envoyé Jésus Christ sur la terre et Lui a laissé porter tous les péchés de l'humanité et accomplir la loi avec amour.

Sans la crucifixion de Jésus, nous aurions nos mains et nos

pieds coupés lorsque nous commettons des péchés avec nos mains et nos pieds. Mais Jésus a porté la croix et a versé Son précieux sang en ayant Ses mains et Ses pieds percés pour laver tous nos péchés que nous avons commis avec nos mains et nos pieds. Maintenant, nous ne devons plus couper nos mains ni nos pieds à cause de ce grand amour de Dieu.

Jésus qui est un avec le Dieu d'amour est descendu sur la terre, et a accompli la loi avec amour. Jésus a vécu une vie exemplaire en gardant toutes les lois de Dieu.

Même s'Il a complètement gardé la loi, il n'a cependant pas condamné ceux qui avaient échoué à garder la loi en disant, « Vous avez violé la loi, et êtes sur le chemin de la mort. » Au contraire, il a dit aux gens la vérité, jour et nuit de sorte qu'une seule âme en plus puisse se repentir de ses péchés et atteigne le salut, et sans s'arrêter, Il a travaillé et guéri et délivré ceux qui étaient frappés de maladies, d'infirmités et de possessions démoniaques.

L'amour de Jésus a été démontré de manière étonnante lorsqu'une femme surprise en flagrant délit d'adultère a été arrêtée et amenée à Jésus par les scribes et les Pharisiens. Dans le huitième chapitre de l'évangile de Jean, les scribes et les pharisiens Lui ont amené la femme et lui ont demandé, « *Moïse, dans la loi, nous a ordonné de lapider de telles femmes: toi donc, que dis-tu?* » (V5) Jésus leur a répondu, « *Que celui de vous qui est sans péché jette le premier la pierre contre elle.* » (V7)

En leur posant cette question, il voulait les réveiller que non seulement la femme mais aussi eux-mêmes, qui l'avaient accusée d'adultère et qui essayaient de trouver des sujets d'accusation contre Jésus étaient les mêmes pécheurs devant Dieu et que personne ne peut se permettre d'accuser les autres. Lorsque les gens l'ont entendu, ils ont été convaincus dans leur conscience et ils sont partis l'un après l'autre en commençant par le plus âgé jusqu'au dernier. Et Jésus s'est retrouvé seul, et la femme était au milieu.

Jésus n'a vu personne si ce n'est la femme et lui a dit, « *Femme, où sont ceux qui t'accusaient? Personne ne t'a-t-il condamnée?* » (V10). Elle a répondu, « Personne Seigneur. » Et Jésus lui dit, « *Je ne te condamne pas non plus: va, et ne pèche plus.* » (V11)

Lorsque la femme a été amenée et que son péché impardonnable a été révélé, elle était oppressée par une grande peur. Ainsi, lorsque Jésus lui a pardonné, pouvez-vous imaginer combien de larmes elle a dû verser remplie d'émotion et de reconnaissance ! Chaque fois qu'elle s'est souvenue de ce pardon et de l'amour de Jésus, elle ne devait plus violer la loi ni pécher. Cela a été possible parce qu'elle a rencontré Jésus qui a accompli la loi avec amour.

Jésus a accompli la loi avec amour non seulement pour cette femme, mais aussi pour tous les hommes. Il n'a pas épargné Sa propre vie et a déposé Sa vie à la croix pour nous les pécheurs avec le cœur des parents qui n'épargnent pas leurs propres vies pour sauver leurs enfants en danger.

Jésus était sans blâme et sans tâches et le Fils unique de Dieu, mais il a porté toutes les douleurs indescriptibles, a versé tout Son sang et l'eau et a déposé Sa vie sur la croix pour nous les pécheurs. Sa crucifixion a été le moment le plus touchant de l'accomplissement du plus grand amour de toute l'histoire de l'humanité.

Lorsque cette puissance de Son amour vient sur nous, nous recevons la force de garder entièrement la loi et nous sommes capables d'accomplir la loi avec amour de la même manière dont Jésus l'a fait.

Si Jésus n'avait pas accompli la loi avec amour mais au contraire avait jugé et condamné quelqu'un uniquement par la loi et avait détourné Ses yeux des pécheurs ; combien de gens pourraient-ils être sauvés dans le monde ? Comme il est écrit dans la Bible, « *Il n'y a point de juste, Pas même un seul* » (Romains 3 :10), personne ne pourrait être sauvé.

C'est pourquoi, les enfants de Dieu qui ont été pardonnés de leurs péchés par le grand amour de Dieu ne devraient pas seulement l'aimer en gardant Ses commandements avec des cœurs humbles mais aussi aimer leur prochain comme eux-mêmes les servir et leur pardonner.

Ceux qui Jugent et Condamnent les Autres par la Loi

Jésus a accompli la loi avec amour et est devenu le Sauveur de toute l'humanité, mais qu'ont fait les scribes, les Pharisiens et les docteurs de la loi ? Ils ont insisté sur l'observance de la loi dans les actes plutôt que de sanctifier leurs cœurs comme Dieu le voulait, mais ils pensaient qu'ils avaient entièrement observé la loi. De plus, ils n'ont pas pardonné à ceux qui n'avaient pas observé la loi mais ils les ont jugés et condamnés.

Mais notre Dieu ne veut jamais que nous jugions et condamnions les autres sans miséricorde ni amour. Il ne veut pas non plus que nous nous fassions des efforts en observant la loi sans expérimenter l'amour de Dieu. Si nous observons la loi mais échouons à comprendre le cœur de Dieu et échouons de le faire avec amour, cela ne nous est d'aucun profit.

> *Et quand j'aurais le don de prophétie, la science de tous les mystères et toute la connaissance, quand j'aurais même toute la foi jusqu'à transporter des montagnes, si je n'ai pas la charité, je ne suis rien. Et quand je distribuerais tous mes biens pour la nourriture des pauvres, quand je livrerais même mon corps pour être brûlé, si je n'ai pas la charité, cela ne me sert de rien.* (1 Corinthiens 13 :2-3)

Dieu est amour et Il se réjouit et nous bénit lorsque nous agissons par amour. À l'époque de Jésus, les Pharisiens ont échoué à posséder l'amour dans leurs cœurs lorsqu'ils observaient la loi dans les actes, et cela ne leur a été d'aucun profit. Ils ont jugé et condamné les autres avec la connaissance de la loi, et cela les a laissés loin de Dieu et ils ont fini par crucifier le Fils de Dieu.

Lorsque vous Comprenez la Véritable Volonté de Dieu Enfouie dans la Loi

Même au temps de l'Ancien Testament, il y avait de grands pères de la foi qui ont compris la vraie volonté de Dieu dans la loi. Les pères de la foi y compris Abraham, Moïse, David et Elie n'ont pas seulement gardé la loi, mais ils ont aussi fait de leur mieux pour devenir de véritables enfants de Dieu en circoncisant leurs cœurs avec diligence.

Cependant, lorsque Jésus a été envoyé par Dieu en tant que Messie pour que les juifs connaissent le Dieu d'Abraham, le Dieu d'Isaac et le Dieu de Jacob, ils n'ont pas été capables de le reconnaître. C'est parce qu'ils étaient aveuglés par les cadres de la tradition des anciens et les actes d'observance de la loi.

De manière à témoigner qu'il est le Fils de Dieu, Jésus a accompli d'étonnants prodiges et des œuvres miraculeuses qui n'étaient possibles qu'avec la puissance de Dieu. Mais ils ne pouvaient ni reconnaître Jésus, ni l'accueillir en tant que le Messie.

Mais c'était différent pour ceux parmi les juifs qui avaient un bon cœur. Lorsqu'ils ont écouté les messages de Jésus, ils ont cru en Lui et lorsqu'ils ont vu les prodiges et les signes miraculeux que Jésus accomplissaient, ils ont cru que Dieu était avec Lui. Dans le troisième chapitre de l'évangile de Jean, un Pharisien appelé Nicodème est venu vers Jésus pendant la nuit et Lui a demandé ce qui suit.

Rabbi, nous savons que tu es un docteur venu de Dieu; car personne ne peut faire ces miracles que tu fais, si Dieu n'est avec lui. (Jean 3 :2)

Le Dieu d'Amour Attend le Retour d'Israël

Alors, à quel moment la majorité des juifs a-t-elle échoué à reconnaître Jésus qui est venu sur la terre comme le Sauveur ? Ils avaient établi des cadres à la loi dans leurs propres pensées croyant qu'ils aimaient et servaient Dieu, et ils ne voulaient pas accepter les choses qui étaient différentes de leurs cadres.

Jusqu'à ce qu'il ait rencontré le Seigneur, Paul avait fermement cru qu'observer entièrement la loi et les traditions des anciens était aimer et servir Dieu. C'est pourquoi il n'avait pas accepté Jésus en tant que Sauveur mais au contraire l'avait persécuté ainsi que ceux qui croyaient en Lui. Après qu'il ait rencontré le Jésus ressuscité sur la route de Damas, son cadre a été entièrement réduit en pièces et il est devenu un apôtre du Seigneur Jésus Christ. À partir de ce moment, il voulait même donner sa vie pour le Seigneur.

Ce désir de garder la loi dans l'être intérieur des juifs est le point fort de l'élu de Dieu, Israël. Donc, dès qu'ils arriveront à réaliser la vraie volonté de Dieu enfouie dans la loi, ils seront capables d'aimer Dieu plus que tout autre peuple ou race et ils seront fidèles à Dieu avec toutes leurs vies.

Lorsque Dieu a conduit le peuple d'Israël hors d'Egypte, Il lui a donné toutes les lois et les commandements au travers de

Moïse, et Il leur a dit ce qu'Il voulait vraiment qu'ils fassent. Il leur a promis que s'ils aimaient Dieu, circoncisaient leurs cœurs et vivaient selon Sa volonté, Il serait avec eux et leur donnerait d'étonnantes bénédictions.

Si tu reviens à l'Éternel, ton Dieu, et si tu obéis à sa voix de tout ton cœur et de toute ton âme, toi et tes enfants, selon tout ce que je te prescris aujourd'hui, alors l'Éternel, ton Dieu, ramènera tes captifs et aura compassion de toi, il te rassemblera encore du milieu de tous les peuples chez lesquels l'Éternel, ton Dieu, t'aura dispersé. Quand tu serais exilé à l'autre extrémité du ciel, l'Éternel, ton Dieu, te rassemblera de là, et c'est là qu'il t'ira chercher. L'Éternel, ton Dieu, te ramènera dans le pays que possédaient tes pères, et tu le posséderas; il te fera du bien, et te rendra plus nombreux que tes pères. L'Éternel, ton Dieu, circoncira ton cœur et le cœur de ta postérité, et tu aimeras l'Éternel, ton Dieu, de tout ton cœur et de toute ton âme, afin que tu vives. L'Éternel, ton Dieu, fera tomber toutes ces malédictions sur tes ennemis, sur ceux qui t'auront haï et persécuté. Et toi, tu reviendras à l'Éternel, tu obéiras à sa voix, et tu mettras en pratique tous ces commandements que je te prescris aujourd'hui.
(Deutéronome 30 :2-8)

Comme Dieu l'a promis à Son peuple élu Israël dans ces versets, Il a rassemblé Son peuple qu'Il avait dispersé sur toute la terre et leur a laissé reprendre leur pays en quelques milliers d'années, et Il l'a placé haut au dessus de toutes les nations de la terre. Malgré cela, Israël a échoué à réaliser le grand amour de Dieu au travers de la crucifixion et de Son étonnante providence en créant et en cultivant l'humanité, mais ils ont continué à suivre les actes d'observance de la loi et les traditions des anciens.

Le Dieu d'amour souhaite ardemment et attend qu'ils puissent abandonner leurs propres fois tordues et qu'ils changent et deviennent de véritables enfants de Dieu le plus rapidement possible. Tout d'abord, ils doivent ouvrir leurs cœurs et accepter Jésus qui a été envoyé par Dieu en tant que Sauveur de toute l'humanité et recevoir le pardon de leurs péchés. Ensuite, ils doivent réaliser la véritable volonté de Dieu donnée au moyen de la loi et posséder la foi véritable en gardant avec diligence la parole de Dieu au moyen de la circoncision de leurs cœurs de sorte qu'ils puissent attendre le salut complet.

Je prie avec instance qu'Israël puisse restaurer l'image perdue de Dieu au moyen d'une foi qui plaise à Dieu et qu'ils deviennent Ses véritables enfants de sorte qu'ils puissent jouir de toutes les bénédictions que Dieu avaient promises et demeurer dans la gloire du ciel éternel.

Le Dôme du Rocher, une Mosquée Islamique située dans la ville sainte perdue
de Jérusalem

Chapitre 4

REGARDE ET ECOUTE !

Vers la Fin des Temps du Monde

La Bible nous explique clairement à la fois le commencement de l'histoire de l'humanité et sa fin. Pendant plusieurs milliers d'années, Dieu nous a expliqué au travers de la Bible au sujet de l'histoire de la culture de l'humanité. L'histoire a commencé avec le premier homme sur la terre, Adam et arrivera à sa fin avec la Seconde Venue du Seigneur dans les airs.

Quelle heure est-il maintenant sur l'horloge de Dieu de l'histoire de la culture humaine et combien reste-t-il de jours et d'heures jusqu'à ce que l'horloge sonne les derniers moments de la culture humaine ? Maintenant, plongeons dans ce que notre Dieu d'amour a planifié et fixé dans Sa volonté pour conduire Israël sur le chemin du salut.

Accomplissement des Prophéties de la Bible dans l'Histoire Humaine

Il y a de nombreuses prophéties dans la Bible, et toutes sont la parole du Dieu tout puissant le Créateur. Comme il est écrit dans Esaïe 55 :11, « *Ainsi en est-il de ma parole, qui sort de ma bouche: Elle ne retourne point à moi sans effet, Sans avoir exécuté ma volonté Et accompli mes desseins.* » Les paroles de

Dieu ont été accomplies avec précision jusqu'à ce jour, et chaque parole sera accomplie.

L'histoire d'Israël confirme certainement que les prophéties de la Bible ont été exactement accomplies sans la moindre erreur. L'histoire d'Israël a été accomplie exactement conformément aux prophéties relatées dans la Bible : l'esclavage d'Israël en Egypte pendant 400 ans et l'Exode ; leur entrée dans le pays de Canaan où coulent le lait et le miel ; la division de leur royaume en deux – Israël et Juda et leur destruction ; la captivité à Babylone ; le retour d'Israël à la maison ; la naissance du Messie, la crucifixion du Messie ; la destruction d'Israël et sa dispersion vers toutes les nations et le rétablissement d'Israël en tant que nation ainsi que son indépendance.

L'histoire de l'humanité est sous le contrôle de Dieu le Tout puissant, et chaque fois qu'Il accomplit quelque chose d'important, il a prévenu les hommes de ce qui allait se passer (Amos 3 :7). Dieu a prévenu Noé, un homme qui était juste et sans blâmes parmi ceux de son époque, que le grand Déluge détruirait toute la terre. Il a dit à Abraham que les villes de Sodome et de Gomorrhe seraient détruites et il a fait connaître au prophète Daniel et à l'apôtre Jean ce qui allait se passer à la fin des temps du monde.

La plupart des prophéties de la Bible ont été exactement accomplies, et les prophéties qui doivent encore s'accomplir sont la Seconde Venue du Seigneur et quelques événements qui doivent la précéder.

Signes de la Fin des Temps

Aujourd'hui, peu importe le sérieux avec lequel nous expliquons que nous sommes maintenant dans la fin des temps, beaucoup de gens ne veulent pas le croire. Au lieu de l'accepter, ils pensent que ceux qui parlent de la fin des temps sont insensés et ils essayent de ne pas les écouter. Ils croient que le soleil va se lever et se coucher, que les gens naîtront et mourront et que la civilisation va continuer comme elle l'a toujours fait dans le passé.

La Bible relate la chose suivante concernant la fin des temps, *« sachant avant tout que, dans les derniers jours, il viendra des moqueurs avec leurs railleries, marchant selon leurs propres convoitises, et disant: Où est la promesse de son avènement? Car, depuis que les pères sont morts, tout demeure comme dès le commencement de la création. »* (2 Pierre 3 :3-4)

Chaque fois qu'un homme nait, il y a aussi un temps de mourir pour lui. De la même manière, tout comme elle a eu un commencement, l'histoire humaine a aussi une fin. Lorsque le temps fixé par Dieu arrivera, toutes choses dans ce monde arriveront à leur fin.

En ce temps-là se lèvera Michaël, le grand chef, le défenseur des enfants de ton peuple; et ce sera une époque de détresse, telle qu'il n'y en a point eu de semblable depuis que les nations existent jusqu'à cette époque. En ce temps-là, ceux de ton peuple qui seront trouvés inscrits dans le livre seront sauvés. Plusieurs de ceux qui dorment dans la poussière de la terre se réveilleront, les uns pour la vie éternelle, et les autres pour l'opprobre, pour la honte éternelle. Ceux qui auront été intelligents brilleront comme la splendeur du ciel, et ceux qui auront enseigné la justice, à la multitude brilleront comme les étoiles, à toujours et à perpétuité. Toi, Daniel, tiens secrètes ces paroles, et scelle le livre jusqu'au temps de la fin. Plusieurs alors le liront, et la connaissance augmentera. (Daniel 12 :1-4)

Au travers du prophète Daniel Dieu a prophétisé ce qui se passera à la fin des âges. Certaines personnes disent que les prophéties données par Daniel ont déjà été accomplies dans l'histoire passée. Mais cette prophétie ne sera entièrement accomplie qu'à la fin de l'histoire de l'humanité, et elle est entièrement consistante avec les signes des derniers temps du monde relatés dans le Nouveau Testament.

Cette prophétie de Daniel se réfère à la Seconde Venue du Seigneur. Le verset 1 dit, « *et ce sera une époque de détresse, telle qu'il n'y en a point eu de semblable depuis que les nations existent jusqu'à cette époque. En ce temps-là, ceux de ton peuple qui seront trouvés inscrits dans le livre seront sauvés.* » Cela nous explique les 7 années de la Grande Tribulation qui auront lieu à la fin des temps du monde et au sujet du salut grappillé.

La seconde partie du verset 4 dit, « *Plusieurs alors le liront,
et la connaissance augmentera.* » Cela nous explique les vies
quotidiennes des gens qui vivent aujourd'hui. En conclusion, ces
prophéties de Daniel ne se réfèrent pas à la destruction d'Israël
qui a eu lieu dans les années 70 Après JC, mais aux signes de la
fin des temps.

Jésus a parlé à Ses disciples à propos des signes de la fin
des temps dans le détail. Dans Matthieu 24, il est dit, « *Vous
entendrez parler de guerres et de bruits de guerres. Une nation
s'élèvera contre une nation, et un royaume contre un royaume,
et il y aura, en divers lieux, des famines et des tremblements
de terre. Plusieurs faux prophètes s'élèveront, et ils séduiront
beaucoup de gens. Et, parce que l'iniquité se sera accrue, la
charité du plus grand nombre se refroidira.* »

A quoi ressemble l'histoire du monde de nos jours ? Nous
entendons des rumeurs de guerre et le terrorisme grandit chaque
jour. Les nations se combattent les unes les autres et les royaumes
se dressent les uns contre les autres. Il y a de nombreuses famines
et tremblements de terre. Il y a d'innombrables autres désastres
naturels causés par des conditions atmosphériques inhabituelles.
De plus, l'iniquité augmente partout sur le globe, les péchés et le
mal sont présents partout dans le monde et l'amour des gens se
refroidit.

La même chose est relatée dans la Seconde épitre de Timothée.

Sache que, dans les derniers jours, il y aura des temps difficiles. Car les hommes seront égoïstes, amis de l'argent, fanfarons, hautains, blasphémateurs, rebelles à leurs parents, ingrats, irréligieux, insensibles, déloyaux, calomniateurs, intempérants, cruels, ennemis des gens de bien, traîtres, emportés, enflés d'orgueil, aimant le plaisir plus que Dieu, ayant l'apparence de la piété, mais reniant ce qui en fait la force. Éloigne-toi de ces hommes-là. (2 Timothée 3 :1-5)

Aujourd'hui, les gens n'aiment pas les bonnes choses, mais ils aiment l'argent et le plaisir. Ils recherchent leurs propres intérêts et commettent des péchés abominables et le mal y compris le meurtre et les incendies volontaires sans aucun remord de conscience. Ces choses se produisent trop souvent et tant de choses semblables se produisent autour de nous de sorte que les cœurs des gens deviennent de plus en plus insensibles au point que plus rien n'étonne plus la majorité des gens. En voyant toutes ces choses, nous ne pouvons pas nier que le cours de l'histoire humaine marche réellement vers la fin des temps.

Même l'histoire d'Israël nous montre les signes de la Seconde Venue du Seigneur et la fin des temps pour le monde.

Matthieu 24 :32-33 dit, « *Instruisez-vous par une comparaison tirée du figuier. Dès que ses branches deviennent*

tendres, et que les feuilles poussent, vous connaissez que l'été est
proche. De même, quand vous verrez toutes ces choses, sachez
que le Fils de l'homme est proche, à la porte. »

Le « figuier » se réfère ici à Israël. Un arbre semble mort en hiver mais quand le printemps arrive, il germe à nouveau et ses branches poussent et portent des feuilles vertes. Similairement, depuis la destruction de l'état d'Israël qui a eu lieu en 70 Après JC, Israël a semblé totalement disparaître pendant près de 2.000 ans mais quand le temps choisi par Dieu est arrivé, il a proclamé son indépendance et l'état d'Israël a été proclamé le 14 mai 1948.

Ce qui est plus important est que l'indépendance d'Israël indique que la Seconde Venue de Jésus Christ est très proche. C'est pourquoi, Israël devrait réaliser que le Messie, qu'ils attendent toujours, est venu sur la terre et est devenu le Sauveur de toute l'humanité il y a 2.000 ans, et se souvienne que le Sauveur Jésus viendra sur la terre tôt ou tard, en tant que Juge.

Que nous arrivera-t-il alors à nous qui vivons dans les derniers jours selon les prophéties de la Bible ?

L'Avènement du Seigneur dans les Airs et l'Enlèvement

Il y a environ 2.000 ans, Jésus a été crucifié et est ressuscité le troisième jour en brisant la puissance de la mort, et ensuite, Il a été enlevé dans le ciel et de nombreuses personnes présentes ont témoigné de Son ascension.

« *Hommes Galiléens, pourquoi vous arrêtez-vous à regarder au ciel? Ce Jésus, qui a été enlevé au ciel du milieu de vous, viendra de la même manière que vous l'avez vu allant au ciel.* » (Actes 1 :11)

Le Seigneur Jésus a ouvert la porte du salut pour l'humanité au travers de Sa crucifixion et Sa résurrection, et puis Il a été enlevé dans les cieux et s'est assis à la droite du trône de Dieu et Il prépare des lieux de séjour célestes pour ceux qui ont été sauvés. Et lorsque l'histoire de l'humanité prend fin, Il reviendra et nous emmènera. Sa Seconde Venue est parfaitement décrite dans 1 Thessaloniciens 4 :16-17.

Car le Seigneur lui-même, à un signal donné, à la voix d'un archange, et au son de la trompette de Dieu, descendra du ciel, et les morts en Christ ressusciteront premièrement. Ensuite, nous les vivants, qui serons restés, nous serons tous ensemble enlevés avec eux sur des nuées, à la rencontre du Seigneur dans les airs, et ainsi nous serons toujours avec le Seigneur.

Quelle scène majestueuse lorsque le Seigneur revient dans les airs dans des nuées de gloire accompagné d'innombrables anges et d'hôtes célestes ! Ceux qui ont été sauvés revêtiront les corps spirituels incorruptibles et rencontreront le Seigneur dans les airs, et alors ils célèbreront le Banquet de Noces de 7 ans avec le Seigneur notre éternel Epoux.

Ceux qui ont été sauvés seront enlevés dans les airs et rencontreront le Seigneur, ce qui est appelé « l'enlèvement ». Le royaume des airs se réfère à la partie du deuxième ciel que Dieu a préparé pour les sept années du Banquet de Noces.

Dieu a divisé le monde spirituel en divers espaces et l'un d'entre eux est le second ciel. Le second ciel est à nouveau divisé en deux espaces – Eden qui est le monde de lumière et le monde des ténèbres. Dans une partie du monde de lumière se trouve un espace spécial préparé pour les sept années du Banquet de Noces.

Les gens qui se sont parés de la foi pour atteindre le salut dans ce monde rempli de péchés et de mal, seront enlevés dans les airs en tant qu'épouses du Seigneur et puis rencontreront le Seigneur et jouiront du Banquet de Noces pendant 7 ans.

Réjouissons-nous et soyons dans l'allégresse, et donnons-lui gloire; car les noces de l'agneau sont venues, et son épouse s'est préparée, et il lui a été donné de se revêtir d'un fin lin, éclatant, pur. Car le fin lin, ce sont les œuvres justes des saints. Et l'ange me dit: Écris: Heureux ceux qui sont appelés au festin de noces de l'agneau! Et il me dit: Ces paroles sont les véritables paroles de Dieu. (Apocalypse 19 :7-9)

Ceux qui seront enlevés dans les airs seront réconfortés pour avoir surmonté le monde avec foi pendant le Banque de

Noces avec le Seigneur, tandis que ceux qui ne seront pas enlevés souffriront d'inexprimables souffrances et tribulations par les esprits impurs qui seront précipités sur la terre à la Seconde Venue du Seigneur dans les airs.

Les Sept Années de la Grande Tribulation

Pendant que ceux qui ont été sauvés jouiront du Banquet de Noces de 7 ans dans les airs et rêveront du ciel éternel et heureux, la plus dure tribulation qui est sans égale dans l'histoire de l'humanité couvrira toute la terre et d'horribles choses arriveront.

Alors comment les 7 années de la Grande Tribulation commenceront-elles ? Etant donné que notre Seigneur revient dans les airs et que tant de personnes seront enlevées ensemble, ceux qui resteront sur la terre se trouveront dans une telle panique accablés et choqués à la soudaine disparition de leur famille, amis et voisins et ils les chercheront.

Ils réaliseront rapidement que l'Enlèvement des chrétiens dont ils avaient entendu parler a réellement eu lieu. Ils se sentiront horrifiés à la pensée des 7 années de la Grande Tribulation qui viendra sur eux. Ils seront submergés par une terrible anxiété et un sentiment de panique. Et lorsque les pilotes des avions, bateaux, trains, voitures et autres véhicules sont enlevés au ciel, une grande multitude d'accidents de trafic et d'incendies se produiront et des bâtiments s'écrouleront, et ensuite le monde sera rempli de chaos et d'un grand désordre.

A ce moment là, une personne apparaîtra et apportera la paix et l'ordre dans ce monde. Il est le dirigeant de l'Union Européenne. Il rassemblera les organisations politiques, économiques et militaires et avec une puissance unifiée, il maintiendra le monde en ordre et amènera la paix et la stabilité des sociétés. C'est pourquoi tant de gens se réjouiront à son apparence sur la scène mondiale. Beaucoup vont l'accueillir avec enthousiasme, le soutenir loyalement et l'aider activement.

Il sera l'antéchrist dont parle la Bible et qui conduira les 7 années de Grande Tribulation, mais pendant un certain temps il apparaîtra comme un « messager de paix ». En réalité, l'antéchrist apportera la paix et l'ordre aux gens aux débuts de la Grande Tribulation de 7 ans. L'arme qu'il emploiera pour gagner la paix mondiale est la marque de la bête, le '666' relaté dans la Bible.

Et elle fit que tous, petits et grands, riches et pauvres, libres et esclaves, reçussent une marque sur leur main droite ou sur leur front, et que personne ne pût acheter ni vendre, sans avoir la marque, le nom de la bête ou le nombre de son nom. C'est ici la sagesse. Que celui qui a de l'intelligence calcule le nombre de la bête. Car c'est un nombre d'homme, et son nombre est six cent soixante-six. (Apocalypse 13 :16-18)

Qu'est ce que la Marque de la bête ?

La bête se réfère à un ordinateur. L'Union Européenne (UE)

établira ses organisations en utilisant les ordinateurs. Par les ordinateurs de l'UE il sera donné à chaque personne un code barre sur la main droite ou le front. Le barre code est le signe de la bête. Toutes sortes d'informations personnelles que possède un individu seront reprises dans un barre code et ce barre code sera implanté dans son corps. Avec ce code barre implanté dans le corps, l'ordinateur de l'UE sera capable de surveiller, regarder, inspecter et contrôler chaque personne dans le détail où qu'il soit et quoi qu'il fasse.

Nos cartes de crédit contemporaines et les cartes d'identité seront remplacées par la marque de la bête, « 666 ». Alors les gens n'auront plus besoin de liquide ni de chèques. Ils ne devront plus s'inquiéter de perdre leurs biens ou qu'on leur vole leur argent. Ce point fort va accélérer la marque de la bête « 666 » pour se répandre dans le monde entier en peu de temps ; et sans cette marque, personne ne sera capable d'être identifié, mais il ne sera pas capable non plus de vendre ni d'acheter quoi que se soit.

Dès le commencement des 7 années de la Grande Tribulation, les gens recevront la marque de la bête, mais ils ne seront pas obligés de la recevoir. On ne fera que leur recommander de le faire jusqu'à ce que l'organisation de l'UE soit fermement établie. Dès que la première moitié des 7 années de la Grande Tribulation sera terminée et que l'organisation soit devenue stable, alors l'UE obligera tout le monde de recevoir la marque de la bête et on ne pardonnera pas à ceux qui refusent de l'accepter. Ainsi, l'UE va lier les gens au travers de la marque de la bête et les conduire où elle le veut.

A la fin, la plupart des gens qui resteront pendant les 7 années de la Grande Tribulation seront confinés sous le contrôle de l'antéchrist et le gouvernement de la bête. Comme cet antéchrist sera contrôlé par l'ennemi diable, l'UE va pousser les gens à s'opposer à Dieu et les conduire sur le chemin du mal, de l'injustice, des péchés et de la destruction.

D'ailleurs, certaines personnes ne se plieront pas à la loi de l'antéchrist. Ce sont ceux qui avaient cru dans le Seigneur Jésus Christ mais qui ont échoué à l'enlèvement dans les cieux lors de la Seconde Venue du Seigneur, parce qu'ils n'avaient pas une vraie foi.

Certains d'entre eux avaient un jour accepté le Seigneur et vivaient dans la grâce de Dieu, mais plus tard, ils ont perdu la grâce et sont retournés dans le monde, et certains autres ont proclamé leur foi en Christ et sont allés à l'église mais ils ont vécu dans les plaisirs mondains parce qu'ils ont échoué dans la possession de la foi spirituelle. Il y en a d'autres qui venaient d'accepter le Seigneur Jésus Christ et certains juifs qui ont été réveillés de leur somnolence spirituelle au moyen de l'enlèvement.

Lorsqu'ils assisteront à la réalité de l'enlèvement, ils vont réaliser que toutes les paroles de l'Ancien et du Nouveau Testaments étaient vraies, et ils se lamenteront en frappant le sol. Ils seront capturés dans une grande peur, se repentiront de ne pas avoir vécu selon la parole de Dieu et ils essayeront de trouver un chemin pour recevoir le salut.

Et un autre, un troisième ange les suivit, en disant d'une voix forte: Si quelqu'un adore la bête et son image, et reçoit une marque sur son front ou sur sa main, il boira, lui aussi, du vin de la fureur de Dieu, versé sans mélange dans la coupe de sa colère, et il sera tourmenté dans le feu et le soufre, devant les saints anges et devant l'agneau. Et la fumée de leur tourment monte aux siècles des siècles; et ils n'ont de repos ni jour ni nuit, ceux qui adorent la bête et son image, et quiconque reçoit la marque de son nom. C'est ici la persévérance des saints, qui gardent les commandements de Dieu et la foi de Jésus. (Apocalypse 14:9-12)

Si quelqu'un reçoit la marque de la bête, il est obligé de devenir obéissant à l'antéchrist qui s'oppose à Dieu. C'est pourquoi la Bible insiste sur le fait que quiconque reçoit la marque de la bête ne peut pas atteindre le salut. Pendant la Grande Tribulation, ceux qui connaissent ce fait vont tout faire pour ne pas recevoir la marque de la bête pour montrer la preuve qu'ils ont la foi.

L'identité de l'antéchrist sera clairement révélée. Il cataloguera en tant qu'éléments impurs de la société, ceux qui s'opposeront à sa politique et qui refusent de recevoir la marque et il les expulsera de la société pour avoir brisé la paix sociale. Et il les obligera à renier Jésus Christ et à recevoir la marque de la bête. S'ils résistent, de sévères persécutions et leur martyre suivra.

Le Salut par le Martyre pour ne pas Avoir Reçu la Marque de la Bête

Les tourments pour ceux qui résistent à recevoir la marque de la bête pendant les 7 années de la Grande Tribulation sont inimaginablement sévères. Les tourments sont trop durs à supporter, ainsi il n'y en aura que quelques uns qui les supporteront et recevront la dernière opportunité pour leur salut. Certains d'entre eux diront, « Je n'ai pas abandonné ma foi dans le Seigneur. Je crois toujours en Lui de tout mon cœur. Les tourments sont tellement atroces que je ne renie le Seigneur qu'avec la bouche. Dieu me comprendra et me sauvera », et ils recevront ensuite la marque de la bête. Mais leur salut ne peut pas du tout leur être donné.

Il y a quelques années pendant que je priais, Dieu m'a montré dans une vision comment certains de ceux qui resteront pendant la Grande Tribulation résisteront à recevoir la marque de la bête et seront tourmentés. C'était une scène horrible ! Les bourreaux dépeçaient, brisaient toutes les jointures du corps, coupaient les doigts, les orteils, les bras et les jambes et versaient de l'huile bouillante sur leurs corps.

Pendant la seconde guerre mondiale, de terribles tortures et tourments ont eu lieu et ils ont fait des expériences médicales sur des corps vivants. Les tourments ne peuvent pas être comparés avec ceux des 7 années de la Grande Tribulation. Après l'enlèvement, l'antéchrist qui est un avec l'ennemi diable dirigera le monde et n'aura ni compassion ni miséricorde pour personne.

L'ennemi diable et les forces de l'antéchrist persuaderont le peuple de renier Jésus de n'importe quelle manière pour les conduire en enfer. Ils tortureront les croyants mais ne les tueront pas immédiatement, avec des méthodes très adroites de tourment et avec toutes sortes de méthodes cruelles. Toutes espèces de méthodes de torture et de matériel de torture moderne utilisés pour les tortures amèneront les croyants dans la plus grande des paniques et des douleurs. Mais les terribles tourments ne feront que continuer.

Les personnes tourmentées souhaiteraient être mises rapidement à mort, mais ils ne peuvent pas choisir la mort parce que l'antéchrist ne les tuera pas facilement et qu'ils savent bien qu'une mort suicidaire ne peut jamais les conduire au salut.

Dans la vision, Dieu m'a montré que la plupart de ces gens ne pouvaient pas endurer la douleur de la torture et se soumettaient à l'antéchrist. Pendant un temps, certains d'entre eux semblaient endurer et surmonter les tortures avec une forte volonté, mais lorsqu'ils voyaient leurs enfants bien aimés être torturés d'une même manière, ils ont abandonné la résistance, se sont rendus à l'antéchrist et ont reçu la marque de la bête.

Parmi ces gens tourmentés, seuls quelques uns qui ont des cœurs justes et vrais surmonteront les effroyables tourments et les tentations répétées de l'antéchrist et mourront de morts en martyrs.

Ceux donc qui gardent leur foi au travers du martyre pendant la Grande Tribulation peuvent participer à la parade du salut.

Le Chemin du Salut à Partir de la Tribulation qui Arrive

Lorsque la Seconde Guerre Mondiale a éclaté, les juifs, qui avaient mené des vies pacifiques en Allemagne, n'ont jamais suspecté qu'un tel carnage comme le massacre de 6 millions de gens les attendait. Personne ne savait ni ne pouvait prévoir que l'Allemagne qui leur avait procuré la paix et une relative stabilité pourrait subitement changer en une telle force du mal en un si court espace de temps.

En ce temps là, ne sachant pas ce qui allait se passer, les juifs étaient sans ressources et ils n'ont rien pu faire pour éviter cette grande souffrance. Dieu souhaite pour Son peuple élu d'être capable d'éviter le désastre qui doit arriver dans un proche avenir. C'est pourquoi Dieu a relaté la fin du monde en détail dans la Bible et il a permis aux hommes de Dieu de prévenir Israël de la tribulation à venir pour les réveiller.

La chose la plus importante qu'Israël doit savoir est que ce désastre de la Tribulation ne peut pas être évité, et plutôt que d'y échapper, Israël sera placé au milieu de la Grande Tribulation. J'espère que vous réaliserez que cette tribulation aura lieu très bientôt et elle viendra sur vous comme un voleur dans la nuit si vous n'y êtes pas préparés. Vous devez vous réveiller de la somnolence spirituelle si vous voulez échapper à l'horrible désastre.

Maintenant c'est le temps où Israël doit se réveiller ! Ils doivent se repentir de ne pas avoir reconnu le Messie, et accepter Jésus Christ comme Sauveur pour toute l'humanité, et posséder la vraie foi que Dieu veut qu'ils possèdent de sorte qu'ils soient enlevés joyeusement lorsque le Seigneur reviendra dans les airs.

Je vous presse de garder en mémoire que l'antéchrist apparaîtra devant vous somme un messager de paix tout comme l'Allemagne l'a fait pendant un temps avant la Seconde Guerre Mondiale. Il va offrir la paix et le réconfort, mais ensuite très rapidement et de manière inattendue, l'antéchrist deviendra une grande force, une force qui grandit en puissance en ce temps là, et il apportera la souffrance et le désastre au-delà de toute imagination.

Dix Orteils

La Bible contient beaucoup de passages prophétiques qui se produiront dans le futur. Si nous regardons particulièrement aux prophéties relatées dans les livres des grands prophètes de l'Ancien Testament, ils nous disent d'avance non seulement le futur d'Israël, mais aussi le futur du monde. Quelle en est d'après vous la raison ? Le peuple élu de Dieu, Israël a été, est et sera au centre de l'histoire de l'humanité.

La Grande Statue Relatée dans la Prophétie de Daniel

Le Livre de Daniel prophétise non seulement sur le futur d'Israël, mais aussi sur ce qui adviendra du monde dans les derniers jours en relation avec la fin d'Israël. Dans le livre de Daniel 2 :31-33, Daniel a interprété le rêve du Roi Nabucadnetzar sous l'inspiration de Dieu, et l'interprétation prophétisait ce qui se passera à la fin des temps du monde.

> *O roi, tu regardais, et tu voyais une grande statue; cette statue était immense, et d'une splendeur extraordinaire; elle était debout devant toi, et son aspect était terrible. La tête de cette statue était d'or pur; sa poitrine et ses bras*

étaient d'argent; son ventre et ses cuisses étaient d'airain;
ses jambes, de fer; ses pieds, en partie de fer et en partie
d'argile. (Daniel 2 :31-33)

Que prophétisent donc ces versets au sujet de la situation du monde dans les derniers jours ?

« La grande statue » que le roi Nabucadnetzar a vue dans son rêve n'est autre que l'Union Européenne. Aujourd'hui, le monde est contrôlé par deux forces – les Etats Unis d'Amérique et l'Union Européenne. Bien sûr les influences de la Russie et de la Chine ne peuvent pas être ignorées. Mais les Etats-Unis d'Amérique et l'Union Européenne seront toujours les forces les plus influentes dans le monde dans les sphères économiques et la puissance militaire.

Pour l'instant, l'UE semble être un peu faible, mais elle grandira en s'étendant. De nos jours, personne n'en doute. Jusqu'à présent, les USA a été la nation dominante exclusive du monde, mais petit à petit, l'UE deviendra plus influente au travers du monde que les USA.

Il y a seulement quelques décades, personne ne pouvait imaginer que les pays d'Europe seraient capables d'être unifiés en un seul système de gouvernement. Bien sûr, les pays d'Europe ont discuté d'une Union Européenne depuis longtemps, mais aucun ne pouvait être assuré qu'ils pourraient transcender les frontières d'identité nationale, de langue, de monnaie et beaucoup d'autres barrières de manière à ne former qu'un seul corps unifié.

Mais commençant vers la fin des années 80, les dirigeants des pays européens ont commencé à discuter sérieusement du sujet uniquement à cause de leurs soucis économiques. Pendant la guerre froide, la plus grande puissance pour maintenir la domination sur le monde était la suprématie militaire, mais depuis que la Guerre Froide a pris fin, la plus grande force a glissé de la suprématie militaire vers la puissance économique.

Pour se préparer à cela, les pays d'Europe ont essayé de s'unifier et par conséquent, ils sont devenus unis dans une union économique. Maintenant, une chose qui reste à faire est l'unification politique, rassemblant les pays dans un seul système gouvernemental, et la situation est en train d'évoluer dans ce sens.

« Cette statue qui était immense et de grande splendeur et dont l'aspect était terrible, » dont parle Daniel 2 :31, prophétise sur la croissance et l'activité de l'Union Européenne. Elle nous dit combien puissante et forte l'Union Européenne va devenir.

L'UE va Posséder une Grande Puissance

Comment l'UE va-t-elle arriver à posséder une grande puissance ? A partir de Daniel 2 :32 nous donne une réponse expliquant de quoi est fait la tête, la poitrine, les bras, le ventre, les cuisses, les jambes et les pieds de la statue.

Tout d'abord, le Verset 32 dit, « La tête de la statue était faite d'or pur. » Ceci prophétise que l'UE va s'améliorer économiquement et posséder une puissance économique au moyen d'une accumulation de prospérité. Comme cela est prophétisé ici, l'UE va bénéficier et fera d'immenses profits au travers de l'unité économique.

Ensuite, le même verset dit, « sa poitrine et ses bras étaient faits d'argent. » Cela symbolise que l'UE apparaîtra socialement, culturellement et politiquement unie. Lorsqu'un seul président sera élu pour représenter l'UE, cela accomplira extérieurement l'unité politique, et elle deviendra entièrement unie dans les aspects sociaux et culturels. Cependant, en composant une unité incomplète, chaque membre cherchera son propre profit économique.

Ensuite, il est dit, « son ventre et ses cuisses étaient d'airain. » Cela symbolise que l'UE accomplira l'unité militaire. Chaque pays de l'UE veut posséder la puissance économique. Cette unité militaire sera principalement pour le profit économique, qui est le but final. Pour se réunir et saisir la puissance de contrôler le monde au travers de la puissance économique, il n'y aura pas d'autre choix que de devenir unifié dans les sphères sociales, culturelles, politiques et militaires.

Finalement, « ses jambes en fer. » Cela se réfère à un autre ferme fondement pour fortifier et soutenir l'UE au travers de l'unité religieuse. Dans un premier stade, l'UE proclamera le catholicisme en tant que sa religion d'état. Le Catholicisme va gagner de la puissance et devenir le mécanisme de soutien pour renforcer et maintenir l'UE.

La Signification Spirituelle des Dix Orteils

Lorsque l'UE réussira à unifier de nombreux pays dans sa sphère d'influence économique, politique, sociale, culturelle, militaire et religieuse, elle va commencer par étaler son unité et sa puissance, mais petit à petit, elle va commencer à expérimenter des signes de discorde et de dissolution.

Au début de l'UE, les pays de l'UE deviendront unis parce qu'ils se font des concessions les uns aux autres pour des intérêts économiques mutuels. Mais tandis que le temps passe il y aura des différences sociales, culturelles, politiques et idéologiques et des désaccords naîtront entre eux. Alors divers signes de division apparaîtront. Finalement, les conflits religieux deviendront des conflits ouverts entre le Catholicisme et le Protestantisme.

Daniel 2 :33 dit, « ... ses jambes, de fer; ses pieds, en partie de fer et en partie d'argile. » Les dix orteils ne se réfèrent pas à « 10 pays de l'UE ». Ils se réfèrent à « 5 pays membres croyant au catholicisme et 5 autres pays membres croyant au protestantisme. »

Tout comme le fer et l'argile ne peuvent pas être mélangés et combinés, les pays où le catholicisme est dominant et ceux où le protestantisme est dominant ne peuvent pas être entièrement unis, c'est-à-dire que ceux qui sont dominants et ceux qui sont dominés ne peuvent pas se mélanger.

Tandis que les signes de discorde au sein de l'UE augmentent, ils vont sentir de plus en plus la nécessité d'unir les pays par la religion, et le catholicisme va gagner plus de puissance dans plus d'endroits.

Ainsi, pour des profits économiques, l'UE sera formée dans les derniers jours, et puis elle se lèvera avec une énorme puissance. Plus tard, l'UE va s'unifier avec le catholicisme comme religion et l'unité de l'UE va la rendre plus fort, et finalement l'UE va se dresser comme une idole.

Les idoles sont des objets que les gens adorent et vénèrent. Dans ce sens, l'UE conduira le monde avec une grande puissance et règnera sur le monde comme une idole puissante.

La Troisième Guerre Mondiale et l'Union Européenne

Comme il est dit plus haut, lorsque notre Seigneur reviendra dans les airs à la fin des temps du monde, d'innombrables croyants seront enlevés simultanément dans les airs et il se produira un énorme chaos sur la terre. Pendant ce temps, l'UE prendra en peu de temps le pouvoir et dominera le monde sous le prétexte de maintenir la paix et l'ordre mondial, mais plus tard, l'UE s'opposera au Seigneur et cela conduira à la Grande Tribulation de 7 ans.

Plus tard, les membres de l'UE vont se séparer parce qu'ils recherchent respectivement leurs propres intérêts. Cela se produira au milieu de la Grande Tribulation de 7 ans. Le début de cette Grande Tribulation de 7 ans, comme cela est prophétisé dans le 12ème chapitre du Livre de Daniel, se produira en accord avec le cours de l'histoire d'Israël et de l'histoire du monde.

Juste après le commencement de la Grande Tribulation de 7 ans, l'UE va gagner progressivement une énorme puissance et force. Ils vont élire un président unique pour l'Union. Cela va se produire juste après que ceux qui ont accepté Jésus Christ en tant que Sauveur et qui ont reçu le pouvoir de devenir des enfants de Dieu seront instantanément transformés et enlevés dans le ciel lors de la Seconde Venue du Seigneur dans les airs.

La plupart des juifs qui n'ont pas reçu Jésus Christ comme Sauveur resteront sur la terre et souffriront les 7 années de la Grande Tribulation. La misère et l'horreur de la Grande Tribulation seront terribles au-delà de toute description. La terre sera remplie des choses les plus désolantes y compris les guerres, meurtres, exécutions, famines, maladies et calamités plus intenses que tout ce qui s'est vu dans l'histoire de l'humanité.

Le commencement des 7 ans de la Grande Tribulation sera signalé à Israël par une guerre qui se produira entre Israël et le Moyen Orient. Des tensions extrêmes ont longtemps perduré entre Israël et le reste des pays du Moyen Orient et les incidents de frontière n'ont jamais cessé. Dans l'avenir, cette dispute deviendra pire. Une guerre sévère va éclater parce que les puissances mondiales vont interférer dans les problèmes pétroliers. Elles se querelleront entre elles pour avoir un titre plus élevé et l'avantage dans les affaires internationales.

Les Etats Unis qui ont toujours été un allié traditionnel d'Israël vont soutenir Israël. L'Union Européenne, la Chine et la Russie qui sont contre les USA vont s'allier avec le Moyen Orient et alors la troisième guerre mondiale éclatera entre les deux camps.

La Troisième Guerre Mondiale sera totalement différente de la Seconde Guerre Mondiale dans son étendue. Pendant la Deuxième Guerre mondiale, plus de 50 millions de gens ont été tués ou sont morts des suites de la guerre. Maintenant, la puissance des armes modernes, y compris les bombes nucléaires, les armes chimiques et biologiques et beaucoup d'autres ne peuvent pas être comparées avec celles de la Deuxième Guerre Mondiale et le résultat de leur utilisation sera inimaginablement horrible.

Toutes sortes d'armes, comprenant les bombes nucléaires et de nombreuses armes modernes qui auront d'ici là été inventées seront utilisées sans merci, et d'indescriptibles destructions et massacres s'en suivront. Les pays qui ont provoqué la guerre seront complètement détruits et appauvris. Ce ne sera pas la fin de la guerre. Les explosions nucléaires seront suivies de la radio activité, et la pollution radio active va provoquer des changements de climat sérieux et des calamités qui couvriront la terre entière. Par conséquent, toute la terre aussi bien que ces pays qui ont provoqué la guerre seront dans un enfer sur la terre.

Au milieu, ils vont arrêter les attaques avec les armes nucléaires parce que si ces armes étaient utilisées d'avantage, cela mettrait en péril l'existence de l'humanité. Mais toutes les autres armes et la grande multitude des armées vont accélérer la guerre. Les USA, la Chine et la Russie ne seront pas capables de récupérer.

La plupart des nations du monde vont pratiquement s'écrouler, mais l'UE va échapper à la plus grande dévastation. L'UE a promis à la Chine et à la Russie son soutien, mais pendant la guerre, l'UE ne participera pas activement aux combats de sorte qu'elle ne subira pas les grandes pertes comme les autres.

Lorsque de nombreuses puissances mondiales, y compris les USA vont subir une grande perte et perdront la puissance dans la tempête de cette guerre sans précédent, l'UE deviendra la seule puissante alliance nationale et elle gouvernera le monde. Au début, l'UE va seulement surveiller la progression de la guerre et lorsque d'autres nations seront totalement détruites économiquement et militairement, alors l'UE viendra et commencera à résoudre la guerre. Les autres pays n'auront pas d'autre choix que de suivre la décision de l'UE parce qu'ils auront perdu toute leur puissance.

À partir de ce moment, la seconde moitié de la Grande Tribulation de 7 ans commencera et pour les trois ans et demi suivants, l'antéchrist qui est le dirigeant de l'UE contrôlera le monde entier et se canonisera lui-même. Et l'antéchrist va tourmenter et persécuter tous ceux qui s'opposent à lui.

La Vraie Nature de l'Antéchrist Révélée

Au début de la Troisième Guerre Mondiale, de nombreux pays auront subi de sévères pertes de la guerre et l'UE va leur promettre un soutien économique au travers de la Chine et de la Russie. Israël aura été sacrifié en tant que point central de la guerre et à ce moment, l'UE leur promettra de construire le saint temple de Dieu qu'Israël avait tant attendu. Avec l'apaisement de l'UE, Israël va rêver du réveil de la gloire dont ils jouissaient dans la bénédiction de Dieu il y a si longtemps. Par conséquent, eux aussi seront alliés avec l'UE.

A cause de ce soutien d'Israël, le président de l'UE sera considéré par les juifs comme étant le sauveur. La guerre engagée dans le Moyen Orient va sembler se terminer et ils vont à nouveau restaurer la Terre Sainte et bâtir le saint temple de Dieu. Ils vont croire que le Messie et leur Roi, qu'ils ont attendu depuis si longtemps est finalement arrivé et a complètement restauré et glorifié Israël.

Mais leurs espérances et leur joie vont rapidement s'écrouler. Lorsque le saint temple de Dieu sera reconstruit à Jérusalem, quelque chose d'inattendu va se produire. Cela a été prophétisé dans le Livre de Daniel.

Il fera une solide alliance avec plusieurs pour une semaine, et durant la moitié de la semaine il fera cesser le sacrifice et l'offrande; le dévastateur commettra les choses les plus abominables, jusqu'à ce que la ruine et ce qui a été résolu fondent sur le dévastateur. (Daniel 9 :27)

Des troupes se présenteront sur son ordre; elles

profaneront le sanctuaire, la forteresse, elles feront cesser le sacrifice perpétuel, et dresseront l'abomination du dévastateur. (Daniel 11 :31)

Depuis le temps où cessera le sacrifice perpétuel, et où sera dressée l'abomination du dévastateur, il y aura mille deux cent quatre-vingt-dix jours. (Daniel 12 :11)

Ces trois versets se réfèrent tous à un seul incident qu'ils ont en commun. C'est l'incident qui se produira à la fin des temps, et Jésus a aussi parlé de la fin des temps avec ce verset.

Il a dit dans Matthieu 24 :15-16, « *C'est pourquoi, lorsque vous verrez l'abomination de la désolation, dont a parlé le prophète Daniel, établie en lieu saint, -que celui qui lit fasse attention! - alors, que ceux qui seront en Judée fuient dans les montagnes.* »

Au début, les juifs croiront que l'UE a reconstruit le saint temple de Dieu sur la Terre Sainte qu'ils avaient considérée comme sainte, mais lorsque l'abomination se lèvera dans le saint lieu, ils seront choqués et ils vont réaliser que leur foi a toujours été fausse. Ils vont réaliser qu'ils ont détourné les yeux de Jésus Christ et qu'Il est le Messie et le Sauveur de l'humanité.

C'est la raison majeure pour laquelle il faut qu'Israël soit réveillé maintenant. A moins qu'Israël ne soit réveillé maintenant, il ne sera pas capable de réaliser la vérité au moment voulu. Israël va réaliser trop tard la vérité et ce sera donc irrévocable.

Je souhaite donc ardemment pour toi Israël que tu te réveilles afin que tu ne puisses pas tomber dans la tentation de l'antéchrist et que tu reçoives la marque de la bête. Si vous êtes déçus par les douces et décevantes paroles de l'antéchrist qui vous promet la paix et la prospérité et que vous recevez la marque de la bête, « le 666 » vous serez poussés à tomber sur le chemin de la mort irrévocable et éternelle.

Ce qui est plus triste c'est que ce n'est qu'après que l'identité de la bête ne soit révélée, comme prophétisé par Daniel que beaucoup de juifs réaliseront que le centre de leur foi était mauvais. Au travers de ce livre, je souhaite que vous acceptiez le Messie qui a déjà été envoyé par Dieu et que vous évitiez de tomber dans les 7 années de la Grande Tribulation.

C'est pourquoi, comme je vous l'ai dit auparavant, vous devez accepter Jésus Christ et posséder une foi qui est propre aux yeux de Dieu. C'est le seul moyen pour vous d'être capable d'échapper aux 7 ans de la Grande Tribulation.

Quelle pitié si vous échouez à être enlevés dans le ciel et êtes laissés en arrière sur la terre lors de la Seconde Venue du Seigneur ! Mais heureusement, vous trouverez une dernière chance pour votre salut.

Je vous supplie avec empressement d'accepter Jésus Christ immédiatement, de manière à vivre en communion avec les frères et sœurs en Christ. Mais même maintenant, il n'est pas trop tard pour vous d'apprendre au travers de la Bible et de ce livre comment vous serez capables de garder votre foi dans la Grande

Tribulation qui vient et de trouver le chemin que Dieu a préparé pour votre dernière opportunité de salut, et d'être conduit vers le vrai chemin.

L'Amour Infaillible de Dieu

Dieu a accompli Sa providence pour le salut humain au travers de Jésus Christ et sans égard pour la race ou la nation, quiconque accepte Jésus en tant que Sauveur et accomplit la volonté de Dieu, Dieu fait de lui Son enfant et lui permet de jouir de la vie éternelle.

Mais qu'est-il arrivé à Israël et à son peuple ? Beaucoup d'entre eux n'ont pas accepté Jésus Christ et restent très éloignés du chemin du salut. Quelle pitié qu'ils échouent de réaliser le chemin du salut au travers de Jésus Christ avant que le Seigneur ne revienne dans les airs et que les enfants sauvés de Dieu soient enlevés de la terre dans les airs !

Que se passera-t-il alors pour l'élu de Dieu, Israël ? Seront-ils exclus de la parade des enfants sauvés de Dieu ? Le Dieu d'amour a préparé Son plan étonnant pour Israël au dernier moment de l'histoire de l'humanité.

Dieu n'est point un homme pour mentir, Ni fils d'un homme pour se repentir. Ce qu'il a dit, ne le fera-t-il pas? Ce qu'il a déclaré, ne l'exécutera-t il pas? (Nombres 23 :19)

Quelle est la dernière providence que Dieu a planifiée pour Israël à la fin des temps ? Dieu a préparé le chemin du « salut grappillé » pour son élue Israël de sorte qu'ils puissent entrer dans le salut en réalisant que le Jésus qu'ils ont crucifié est le vrai Messie qu'ils ont attendu si longtemps et se repentant profondément devant Dieu.

Salut grappillé

Pendant les 7 années de la Grande Tribulation, parce qu'ils ont vu tant de gens qui ont été enlevés dans le ciel et qu'ils ont appris la vérité, certaines personnes qui auront été laissées en arrière sur la terre croiront et accepteront dans leurs cœurs le fait que le ciel et la terre existent réellement, que Dieu est vivant, et que Jésus Christ est notre unique Sauveur. De plus, ils essayeront de ne pas recevoir la marque de la bête. Après l'enlèvement, ils vont être transformés en eux-mêmes, liront la parole de Dieu relatée dans la Bible, se réuniront pour avoir des cultes d'adoration et ils essayeront de vivre selon la parole de Dieu.

Dans le temps du début de la Grande Tribulation, beaucoup de gens seront capables de mener des vies religieuses et même d'évangéliser les autres, parce qu'il n'y aura pas encore de persécutions organisées. Ils ne recevront pas la marque de la bête, parce qu'ils ont déjà appris qu'on ne peut recevoir de salut avec la marque. Et ils essayeront de mener des vies qui sont dignes de recevoir le salut même pendant la Grande Tribulation. Mais ce sera vraiment difficile pour eux de conserver leur foi parce que le Saint Esprit aura quitté le monde.

Beaucoup d'entre eux verseront beaucoup de larmes parce qu'ils n'auront personne pour conduire les cultes d'adoration et pour les aider à augmenter leur foi. Ils devront conserver leur foi sans la protection ni la force de Dieu. Ils vont se lamenter parce qu'ils devront regretter de ne pas avoir suivi les enseignements de la parole de Dieu malgré qu'on leur avait recommandé d'accepter Jésus Christ et de mener des vies chrétiennes fidèles. Ils devront garder leur foi dans toutes espèces d'épreuves et de persécutions dans ce monde dans lequel ils auront difficile de trouver la vraie parole de Dieu.

Certains d'entre eux se cacheront loin dans les montagnes reculées pour ne pas recevoir la marque de la bête, « 666 ». Ils devront chercher des racines et des plantes et tuer des animaux pour leur nourriture parce qu'ils ne pourront rien acheter ni vendre pour avoir de la nourriture sans la marque de la bête. Mais pendant la seconde moitié de la Grande Tribulation, pendant trois ans et demi, l'armée de l'antéchrist va strictement et attentivement poursuivre les croyants. Peu importe dans quelle montagne reculée ils iront se cacher, ils seront découverts et emmenés par l'armée.

Le gouvernement de la bête va prendre tous ceux qui n'ont pas reçu la marque de la bête et les forcer à renier le Seigneur et à recevoir la marque de la bête au travers de sévères tourments. Finalement, beaucoup d'entre eux vont capituler et ils n'auront d'autre choix que de recevoir la marque à cause de l'atroce douleur et l'horreur de l'affliction.

L'armée va les pendre au mur, nus et percer leurs corps avec une vrille. Ils vont les écorcher de la tête aux pieds. Ils vont torturer leurs enfants sous leurs yeux. Les tortures que l'armée va les faire subir sont extrêmement cruelles de sorte que ce sera vraiment difficile pour eux de mourir en martyr.

C'est pourquoi seul un petit nombre qui aura surmonté toutes les tortures avec une grande force de caractère transcendant les limites de la résistance humaine et qui sera mort en martyr, pourront recevoir le salut et atteindre le ciel. Ainsi, certaines personnes seront sauvées en gardant leur foi sans trahir le Seigneur et en sacrifiant leurs vies dans le martyre sous le contrôle de l'antéchrist pendant le Grande Tribulation. C'est ce qu'on appelle le « salut Grappillé. »

Dieu a de profonds secrets qu'il a préparés pour le salut grappillé de l'élu de Dieu, Israël. Ce sont les deux témoins et l'endroit, Petra.

L'apparence et le Ministère des Deux Témoins

Apocalypse 11 :3 dit, « *Je donnerai à mes deux témoins le pouvoir de prophétiser, revêtus de sacs, pendant mille deux cent soixante jours.* » Les Deux Témoins sont des gens que Dieu a destinés dans Son plan avant le commencement des temps pour sauver son élu, Israël. Ils vont témoigner aux juifs en Israël que Jésus Christ est le vrai et seul Messie qui a été prophétisé dans l'Ancien Testament.

Dieu m'a parlé à propos des Deux Témoins. Il m'a expliqué qu'ils ne sont pas tellement âgés, ils marchent dans la droiture et ils ont des cœurs justes. Il m'a fait connaître quels types de confessions l'un des Deux fait devant Dieu. Sa confession dit qu'il a cru dans le Judaïsme, mais il a entendu que beaucoup de personnes ont cru en Jésus Christ en tant que Sauveur et parlent de Lui. Ainsi, il prie Dieu pour l'aider à discerner ce qui est correct et vrai, en disant,

« Oh Dieu ! »

Quel est ce trouble dans mon cœur
Je crois que toutes choses que j'ai entendues
De mes parents et dont j'ai parlé sont vraies
Depuis que j'étais jeune
Mais quels sont ces troubles et ces questions dans mon cœur ?

Beaucoup de gens parlent au sujet du Messie

Mais si quelqu'un pouvait seulement me montrer
Avec une preuve claire et évidente
Si c'est juste de les croire
Ou de croire seulement ce que j'ai entendu depuis que je suis jeune
Je serai joyeux et reconnaissant.

Mais je ne puis rien voir

Et pour suivre ce dont les gens parlent

Il faut que je considère toutes choses que je tenais depuis ma jeunesse, comme insensées et folles

Qu'est ce qui est réellement juste à Tes yeux ?

Père Dieu !

Si Tu le veux,

Montre-moi une personne

Qui peut tout établir et tout comprendre

Qu'il vienne devant moi et m'enseigne

Ce qui est réellement précis et ce qui est vraiment vrai

Tandis que je regarde vers le ciel

J'ai ce trouble dans mon cœur,

Et si quelqu'un peut résoudre ce problème

Je Te prie de me le montrer

Je ne peux pas trahir de mon cœur toutes les choses que j'ai crues, et tandis que je contemple toutes ces choses

S'il est quelqu'un qui peut enseigner et me les montrer

Si seulement il peut me montrer que c'est vrai

Ce n'est pas que je trahis toutes choses

Que j'ai apprises et vues

C'est pourquoi Père Dieu !

Je te pris de me le montrer.

Regarde et Ecoute !

Donne-moi la compréhension de toutes ces choses

Je suis troublé au sujet de tant de choses

Je crois que toutes les choses que j'ai entendues jusqu'à présent

sont vraies

Mais tandis que je les contemple encore et encore

J'ai beaucoup de questions et ma soif n'est pas étanchée

Pourquoi est ce ainsi ?

C'est pourquoi, seulement si je puis voir toutes ces choses

Et que je sois sur d'elles ;

Seulement si je suis sûr que ce n'est pas une trahison

Contre le chemin que j'ai suivi jusqu'à maintenant

Seulement si je puis voir ce qui est réellement la vérité

Seulement si je puis connaître toutes choses

Auxquelles je pensais

Alors je serai capable de gagner la paix dans mon cœur. »

Les deux témoins qui sont juifs recherchent profondément la vérité, et Dieu leur répondra et leur enverra un homme de Dieu. Au travers de l'homme de Dieu, ils réaliseront la providence de la culture humaine et accepteront Jésus Christ. Ils resteront sur la terre pendant les 7 années de la Grande Tribulation et accompliront le ministère de repentance et de salut d'Israël. Ils recevront une puissance spéciale de Dieu et témoigneront de Jésus Christ à Israël.

Ils apparaîtront totalement sanctifiés devant Dieu et

accompliront leur ministère pendant 42 mois comme cela est relaté dans Apocalypse 11 :2. La raison pour laquelle les deux Témoins proviennent d'Israël est parce que le début et la fin de l'évangile est Israël. L'évangile a été répandu dans le monde par l'apôtre Paul, et maintenant, si l'évangile touche à nouveau Israël, qui est son point de départ, alors, les œuvres de l'évangile seront accomplies.

Jésus a dit dans Actes 1 :8, « *Mais vous recevrez une puissance, le Saint-Esprit survenant sur vous, et vous serez mes témoins à Jérusalem, dans toute la Judée, dans la Samarie, et jusqu'aux extrémités de la terre.* » Les « extrémités de la terre » se réfèrent ici à Israël qui est la destination finale de l'évangile.

Les Deux Témoins prêcheront le message de la croix aux juifs et leur expliqueront le chemin du salut avec l'ardente puissance de Dieu. Et ils accompliront d'étonnants miracles et des prodiges miraculeux qui confirment le message. Ils auront la puissance de fermer les cieux, de sorte que la pluie ne tombe pas aux jours de leurs prophéties ; et ils auront la puissance sur les eaux pour les tourner en sang, et de frapper la terre avec toute plaie, aussi souvent qu'ils le désirent.

Au travers de cela, de nombreux juifs reviendront au Seigneur, mais en même temps certains autres fermeront leur conscience et essayeront de tuer les Deux Témoins. Non seulement ces juifs là, mais aussi de nombreuses personnes mauvaises d'autres pays sous le contrôle de l'antéchrist haïront fortement les Deux Témoins et essayeront de les tuer.

Le Martyre des Deux Témoins et leur Résurrection

La puissance que les Deux Témoins possèdent est tellement grande que personne n'osera les toucher. Finalement, les autorités de la nation se décideront de les tuer. Mais la raison pour laquelle les Deux Témoins seront mis à mort n'est pas à cause des autorités de la nation, mais parce que c'est la volonté de Dieu pour eux d'être martyrisés au temps choisi. L'endroit où ils seront martyrisés n'est autre que l'endroit de la crucifixion de Jésus, et cela implique la résurrection.

Lorsque Jésus a été crucifié, les soldats romains ont gardé Sa tombe de sorte que personne ne puisse enlever le corps, mais Son corps n'a pas pu être vu plus tard, parce qu'Il était ressuscité. Les gens qui mettront les Deux Témoins à mort se souviendront de cela et ils seront inquiets de ce que quelqu'un puisse prendre leurs corps. Aussi, ils ne permettront pas d'enterrer leurs corps dans une tombe, mais ils coucheront leurs corps morts dans la rue de sorte que tous les gens de la terre puissent voir leurs corps morts. À leur vue, ces gens mauvais qui ont la conscience accusée à cause de l'évangile que les Deux Témoins ont prêché se réjouiront grandement de leur mort.

Toute la terre se réjouira et célèbrera, et les médias vont répandre au monde la nouvelle de leur mort au moyen de satellites pendant trois jours et demi. Après trois jours et demi, se produira la résurrection des Deux Témoins. Ils reviendront à la vie, ressusciteront et seront enlevés au ciel dans la nuée de gloire tout comme Elie a été enlevé au ciel dans un tourbillon.

Cette scène étonnante sera retransmise partout dans le monde et d'innombrables personnes la verront.

Et à ce moment là, se produira un grand tremblement de terre, et un dixième de la ville s'écroulera, et sept mille personnes seront tuées dans le tremblement de terre. Apocalypse 11 :3-13 décrit cela en détails comme suit.

Je donnerai à mes deux témoins le pouvoir de prophétiser, revêtus de sacs, pendant mille deux cent soixante jours. Ce sont les deux oliviers et les deux chandeliers qui se tiennent devant le Seigneur de la terre. Si quelqu'un veut leur faire du mal, du feu sort de leur bouche et dévore leurs ennemis; et si quelqu'un veut leur faire du mal, il faut qu'il soit tué de cette manière. Ils ont le pouvoir de fermer le ciel, afin qu'il ne tombe point de pluie pendant les jours de leur prophétie; et ils ont le pouvoir de changer les eaux en sang, et de frapper la terre de toute espèce de plaie, chaque fois qu'ils le voudront. Quand ils auront achevé leur témoignage, la bête qui monte de l'abîme leur fera la guerre, les vaincra, et les tuera. Et leurs cadavres seront sur la place de la grande ville, qui est appelée, dans un sens spirituel, Sodome et Égypte, là même où leur Seigneur a été crucifié. Des hommes d'entre les peuples, les tribus, les langues, et les nations, verront leurs cadavres pendant trois jours et demi, et ils ne permettront pas que leurs cadavres soient mis dans un sépulcre. Et à cause d'eux les habitants de la terre se réjouiront et seront dans l'allégresse, et ils s'enverront des présents les uns aux autres, parce que ces deux prophètes ont tourmenté les habitants de la terre. Après les trois jours et demi, un esprit de vie, venant de Dieu, entra en eux, et ils se tinrent sur leurs pieds; et une grande crainte s'empara de ceux qui les voyaient. Et ils entendirent du ciel une voix qui leur disait: Montez ici! Et ils montèrent au ciel dans la nuée; et leurs ennemis les virent. A cette heure-là, il y eut un grand tremblement de terre, et la dixième partie de la ville, tomba; sept mille hommes furent tués dans ce tremblement de terre, et les autres furent effrayés et donnèrent gloire au Dieu du ciel. (Apocalypse 11 :3-13)

Peu importe combien ils seront bornés, s'ils ont la moindre bonté dans leurs cœurs, ils réaliseront que le grand tremblement de terre et la résurrection et l'ascension dans les cieux des Deux Témoins sont les œuvres de Dieu et ils donneront gloire à Dieu. Et ils seront forcés de reconnaître le fait que Jésus a été ressuscité par la puissance de Dieu il y a à peu près 2.000 ans. Malgré tous ces événements, certaines personnes méchantes ne donneront pas gloire à Dieu.

J'exhorte chacun d'entre vous à accepter l'amour de Dieu. Jusqu'au dernier moment, Dieu désire vous sauver et désire que vous écoutiez les Deux Témoins. Les Deux Témoins témoigneront avec une grande puissance de Dieu qu'ils sont venus de Dieu. Ils réveilleront beaucoup de gens au sujet de l'amour de Dieu et de Sa volonté pour eux. Et ils vous conduiront à saisir la dernière opportunité pour le salut.

Je vous demande avec instance de ne pas vous tenir à côté des ennemis qui appartiennent au diable et qui vous conduiront sur le chemin de la destruction, mais d'écouter les Deux Témoins et d'atteindre le salut.

Petra, un Refuge pour les Juifs

L'autre secret que Dieu a destiné à Son élue, Israël, est Pétra, un refuge pendant les 7 années de la Grande Tribulation. Esaïe 16 : 1-4 explique au sujet de cet endroit appelé Petra.

> *Envoyez les agneaux au souverain du pays, Envoyez-les de Séla, par le désert, A la montagne de la fille de Sion. Tel un oiseau fugitif, telle une nichée effarouchée, Telles seront les filles de Moab, au passage de l'Arnon. - Donne conseil, fais justice, Couvre-nous en plein midi de ton ombre comme de la nuit, Cache ceux que l'on poursuit, Ne trahis pas le fugitif! Laisse séjourner chez toi les exilés de Moab, Sois pour eux un refuge contre le dévastateur! Car l'oppression cessera, la dévastation finira, Celui qui foule le pays disparaîtra. (Esaïe 16 : 1-4)*

Le pays de Moab indique le pays du Jourdain à l'est d'Israël.

Petra est un site archéologique dans le sud est du Jourdain, se trouvant au flanc du Mont Hor dans une cuvette au milieu des montagnes qui forment le flanc est d'Araba (Wadi Araba), la large vallée s'étendant de la Mer Morte vers le golfe d'Aqaba. Petra est généralement identifiée à Sela qui signifie aussi rocher, selon les références bibliques dans 2 Rois 14 :7 et Isaïe 16 :1.

Après que le Seigneur revient dans les airs, Il recevra les gens sauvés qui jouiront du banquet de noces de 7 ans et ensuite Il reviendra sur la terre ensemble avec eux et Il règnera sur le monde pendant le Millenium. Pendant les 7 années entre la Seconde venue du Seigneur dans les airs pour l'enlèvement jusqu'à Son retour sur la terre, la Grande Tribulation couvrira la terre, et pendant les trois années et demi de la seconde partie de la Grande Tribulation – pendant 1.260 jours, le peuple d'Israël va se cacher dans l'endroit préparé selon le plan de Dieu. Ce lieu de refuge est Petra. (Apocalypse 12 :6-14)

Pourquoi alors les juifs auront-ils besoin d'un lieu de refuge ?

Après que Dieu ait choisi le peuple d'Israël, Israël a été attaqué et persécuté par de nombreuses races Gentilles. La raison en est que le diable qui s'oppose à Dieu a essayé d'empêcher Israël de recevoir les bénédictions de Dieu. La même chose va se passer pendant la fin des temps du monde.

Lorsque les juifs réalisent au travers des 7 années de la Grande Tribulation que leur Messie et Sauveur est Jésus, qui était venu sur la terre il y a 2.000 ans, et qu'ils essayent de se repentir, le diable va les persécuter jusqu'à la fin de manière à empêcher les juifs de conserver leur foi.

Dieu qui sait tout, a préparé le lieu de refuge pour Son élu, Israël, au travers duquel Il démontre Son amour pour eux et Il ne terminera pas Son amour inextinguible pour eux. Selon cet amour et le plan de Dieu, Israël entrera à Petra pour échapper aux destructeurs.

Tout comme Jésus l'a dit dans Matthieu 24 :16, « *Alors, que ceux qui seront en Judée fuient dans les montagnes.* » Les juifs seront capables d'échapper aux 7 ans de la Grande Tribulation dans le lieu de refuge dans les montagnes, et de conserver leur foi et d'atteindre le salut.

Lorsque l'ange de la mort a détruit tous les premiers nés d'Egypte, les Hébreux se sont rapidement contactés dans le secret et ont échappé à la même plaie en mettant le sang de l'agneau sur les linteaux et les montants de leurs maisons.

De la même manière, les juifs se contacteront l'un l'autre si rapidement pour se communiquer où aller et se rendre dans le lieu de refuge avant que le gouvernement de l'antéchrist ne commence à les arrêter. Ils auront entendu parler de Petra parce que de nombreux évangélistes ont continuellement témoigné du lieu de refuge et même pour ceux qui n'ont pas cru, ils changeront d'avis et rechercheront le lieu de refuge.

Ce lieu de refuge ne sera pas capable d'accommoder trop de gens. En fait, beaucoup de gens qui se sont repentis au travers des Deux

Témoins échoueront à se cacher à Petra et à garder leur foi pendant la Grande Tribulation et puis mourront en tant que martyrs.

L'amour de Dieu au travers des Deux Témoins et de Petra

Chers frères et sœurs, avez-vous perdu la chance du salut au travers de l'enlèvement ? Alors, n'hésitez pas à aller à Petra, la dernière chance pour votre salut accordée par la grâce de Dieu. Bientôt d'horribles désastres viendront par l'antéchrist. Vous devez vous cacher à Petra avant que la porte de la dernière grâce ne soit fermée sous le coup de l'interruption de l'antéchrist.

Bien, avez-vous raté la chance d'entrer dans Petra ? Alors le seul moyen pour vous d'atteindre le salut et d'entrer dans le ciel est de ne pas renier le Seigneur et de ne pas recevoir la marque de la bête, « 666 ». Vous devez surmonter toutes espèces d'épouvantables tortures et mourir en martyr. Ce n'est pas du tout facile, mais vous devrez le faire pour échapper aux tourments éternels dans le lac de feu brûlant.

Je souhaite ardemment pour vous de ne pas vous détourner du chemin du salut en vous souvenant à tout moment de l'amour sans failles de Dieu et de tout surmonter avec assurance. Pendant que vous combattez et luttez contre toutes sortes de tentations et de persécutions que l'antéchrist va vous infliger, nous frères et sœurs dans la foi allons ardemment prier pour votre triomphe.

Mais notre vrai désir est que vous puissiez accepter Jésus

Christ avant que ces choses ne puissent arriver et être enlevés dans le ciel ensemble avec nous et entrer dans le Banquet de Noces lorsque notre Seigneur reviendra. Nous prions de plus en plus avec des larmes d'amour que Dieu se souvienne des œuvres de foi de vos grands pères et des alliances qu'Il a faites avec eux et qu'Il vous donne à nouveau la grande grâce du salut.

Dans Son grand amour, Dieu a préparé Deux Témoins et Petra de manière à ce que vous puissiez accepter Jésus Christ en tant que Messie et Sauveur et atteindre le salut. Jusqu'au dernier moment de l'histoire de l'humanité, je vous presse à vous souvenir de l'amour infaillible de Dieu qui ne vous abandonnera jamais.

Avant de vous envoyer les Deux Témoins en préparation de la Grande Tribulation, le Dieu d'amour a envoyé un homme de Dieu et lui a permis de vous dire ce qui se passera à la fin des temps du monde et vous conduire sur le chemin du salut. Dieu ne veut pas qu'un seul d'entre vous reste au milieu des 7 années de la Grande Tribulation. Même si vous deviez rester sur la terre après l'enlèvement, il veut que vous saisissiez et gardiez le dernier lien vers le salut. C'est cela le grand amour de Dieu.

Ce ne sera plus long avant que les 7 ans de la Grande Tribulation ne commencent. Pendant cette Tribulation sans précédent au travers de toute l'histoire de l'humanité, notre Dieu va accomplir Son plan d'amour pour toi Israël. L'histoire de la culture humaine sera accomplie ensemble avec l'accomplissement de l'histoire d'Israël.

Supposez que les juifs comprennent la vraie volonté de Dieu et acceptent immédiatement Jésus comme leur Sauveur. Alors, même si l'histoire d'Israël relatée dans la Bible devrait être corrigée et réécrite, Dieu le ferait volontairement. C'est parce que l'amour de Dieu pour Israël est au-delà de toute imagination.

Mais de nombreux juifs sont partis et suivront leurs propres voies jusqu'à ce qu'ils rencontrent le point critique. Dieu le tout puissant qui sait tout ce qui se passera dans le futur a préparé la dernière chance pour votre salut et Il vous conduit par Son amour sans failles.

> *Voici, je vous enverrai Élie, le prophète, Avant que le jour de l'Éternel arrive, Ce jour grand et redoutable. Il ramènera le cœur des pères à leurs enfants, Et le cœur des enfants à leurs pères, De peur que je ne vienne frapper le pays d'interdit.* (Malachie 4 :5-6)

Je donne toute reconnaissance et gloire à Dieu qui conduit sur le chemin du salut, non seulement Israël, Son élu, mais aussi tous les peuples des nations avec Son amour sans fin.

L'Auteur

Dr. Jaerock Lee

Il est né à Muan, dans la province de Jeonnam, en République de Corée, en 1943. Dans la vingtaine, le Dr. Lee a souffert d'une variété de maladies incurables pendant sept ans et il attendait la mort sans espoir de restauration. Un jour du printemps de 1974, il fut cependant conduit à l'église par sa sœur et lorsqu'il s'est agenouillé pour prier, le Dieu Vivant l'a instantanément guéri de toutes ses maladies.

Dès l'instant où le Dr. Lee a rencontré le Dieu Vivant au travers de cette merveilleuse expérience, il a aimé Dieu de tout son cœur et en toute sincérité, et en 1978 il fut appelé en tant que Serviteur de Dieu. Il pria avec ferveur afin qu'il puisse clairement comprendre la volonté de Dieu et l'accomplir entièrement, et il a obéi à toute la Parole de Dieu. En 1982, il a fondé l'église Centrale de Sanctification Manmin à Séoul en Corée, et d'innombrables œuvres de Dieu, y compris des guérisons miraculeuses et des prodiges ont eu lieu dans son église.

En 1986, le Dr. Lee fut ordonné en tant que pasteur à l'assemblée annuelle de l'église Sungkyul de Jésus en Corée, et quatre ans plus tard, en 1990, ses sermons commencent à être retransmis par la Société de Radiodiffusion d'extrême orient, la Station de Retransmission d'Asie, et le Système de Radio Chrétienne de Washington vers l'Australie, la Russie, les philippines et beaucoup d'autres.

Trois ans plus tard, en 1993, l'église Centrale de Sanctification Manmin fut sélectionnée comme l'une des « 50 premières Eglises au Monde » par le Magazine *Monde Chrétien* (USA), et il reçut un Doctorat Honoraire en Divinité du Collège Chrétien de la Foi, en Floride USA, et en 1996, un Ph. D. dans le Ministère par le Séminaire Théologique Kingsway, à Iowa, aux USA.

Depuis 1993, le Rév. Dr. Lee a pris la tête dans la mission mondiale au travers de nombreuses croisades outremer en Tanzanie, en Argentine, en Ouganda, au Japon, au Pakistan, au Kenya, aux Philippines, au Honduras, en Inde,en Russie, en Allemagne,au Pérou,en République Démocratique du Congo et à New York (USA) et puis en 2002, il fut appelé « pasteur mondial » par les principaux journaux Chrétiens en Corée, pour son œuvre dans différentes grandes Croisades de l'Unité.

Depuis Août 2009, l'église Centrale de Sanctification Manmin est une assemblée de plus de 100.000 membres et 9.000 églises branches en Corée et outremer partout dans le monde, et elle a envoyé plus de 132 missionnaires vers 25 pays, comprenant les Etats-Unis, la Russie, l'Allemagne, le Canada, le Japon, la Chine, la France, l'Inde, le Kenya et de nombreux autres.

A ce jour, le Dr. Lee a écrit 57 livres, parmi lesquels les best-sellers *Goûter à la Vie Eternelle avant la Mort, La Voie du Salut, La Mesure de Foi, Le Ciel I et II* et *Enfer*, et ses œuvres ont été traduites en plus de 41 langues.

Le Dr. Lee est en ce moment président et fondateur d'un nombre d'organisations missionnaires, parmi lesquelles l'Eglise de Sanctification Unifiée de la Corée, le Quotidien d'Evangélisation de la Nation, la Mission Lumière et Sel, Manmin TV, Réseau Global Chrétien (GCN), le Réseau Mondial de Médecins Chrétiens (WCDN), le Séminaire International Manmin (MIS) et la Mission Mondiale Manmin (MWM).

Le Ciel I & II

Une esquisse détaillée de l'environnement merveilleux dont jouiront les citoyens célestes au milieu de la gloire de Dieu.

Le Message de la Croix

Un message puissant de réveil pour tous les peuples qui sont spirituellement endormis. Dans ce livre, vous trouverez le véritable amour de Dieu et pourquoi Jésus est notre seul Sauveur.

Enfer

Un message sérieux de Dieu à toute l'humanité, qui souhaite que même pas une seule âme ne tombe dans les profondeurs de l'enfer ! Vous découvrirez le compte rendu jamais révélé auparavant de la cruelle réalité de l'Hadès et de l'enfer.

La Puissance de Dieu

Un livre à lire absolument qui sert de guide essentiel par lequel on peut posséder la vraie foi et expérimenter la merveilleuse puissance de Dieu.

La Mesure de Foi

Quel type de lieu de séjour céleste et quelles espèces de couronnes sont préparés dans le ciel? Ce livre apporte sagesse et direction pour mesurer votre foi et cultiver la foi la plus parfaite et mature.

Réveille-toi Israël

Pourquoi Dieu a-t-Il gardé les yeux fixés sur Israël depuis le commencement du monde jusqu'à ce jour? Quel type de providence a été préparée pour Israël qui attend le Messie dans les derniers jours.

Ma Vie, Ma Foi I & II

L'autobiographie du Dr.Jaerock Lee produit le plus odorant arôme spirituel pour les lecteurs, au travers de sa vie extraite de l'amour de Dieu qui a fleuri au milieu de vagues ténébreuses, d'un joug glacial et d'un profond désespoir.

Goûter à la vie éternelle avant la Mort

Les mémoires témoignage du Dr Jaerock Lee, qui est né de nouveau et sauvé de la vallée de l'ombre de la mort et a vécu une vie chrétienne exemplaire.